VERDERIA

L D † M F

MONOGRAPHIE

DU

SANCTUAIRE

DE

NOTRE-DAME DE SANTÉ

DE

LA VERDIÈRE (Var)

*Ceux qui me feront connaître
auront la vie éternelle.*
Eccl. XXIV. 31.

Monographie du Sanctuaire de N.-D. de Santé

de LA VERDIÈRE (Var)

N. B. — Tous les cantiques qui se trouvent à la fin de cette Monographie ont été reproduits avec une autorisation expresse et personnelle. Nous sommes heureux de remercier MM. les Auteurs de l'amabilité et de l'empressement qu'ils ont mis à nous accorder cette autorisation : Que Notre-Dame de Santé, glorifiée par eux, les comble de ses faveurs !

LA VERDIÈRE. -- Vue du Midi

L D † M F

MONOGRAPHIE

DU

SANCTUAIRE

DE

NOTRE-DAME DE SANTÉ

DE

LA VERDIÈRE (Var)

*Ceux qui me feront connaitre
auront la vie éternelle.*
Eccl. XXIV.. 31.

APPROBATION

ÉVÊCHÉ
DE FRÉJUS

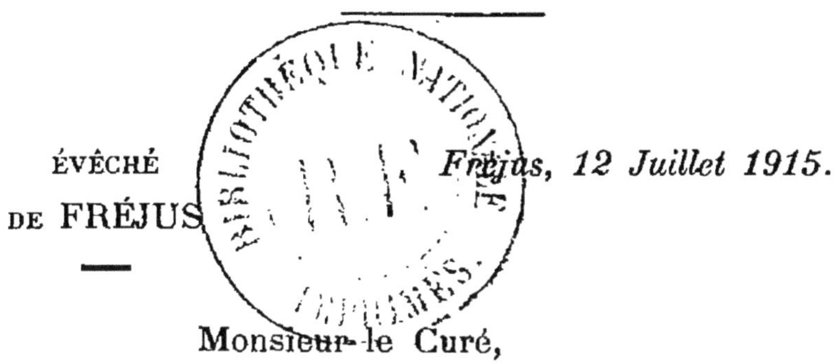

Fréjus, 12 Juillet 1915.

Monsieur le Curé,

J'accepte de grand cœur le patronage de la pieuse entreprise à laquelle, en l'honneur de Marie, vous consacrez, je ne dis pas vos loisirs, car la région vide de tant de prêtres, du fait de la guerre, ne vous en laisse pas, mais votre zèle toujours en éveil pour le progrès chrétien en votre paroisse.

Réveiller le passé historique du culte de N. D. de Santé de La Verdière est préluder heureusement à la restauration de l'antique sanctuaire, qui attire, comme d'instinct, vos populations, pour lesquelles, si fortes, si vivantes encore sont demeurées les traditions que cette monographie rappelle et va encore plus populariser pour le profit et la consolation non seulement de vos paroissiens mais du diocèse entier.

Recevez, cher Monsieur le Curé, l'expression de mon affectueux dévouement.

† Félix, Evêque de Fréjus.

Déclaration de l'Auteur

Pour nous conformer aux décrets d'Urbain VIII, nous déclarons que les grâces, guérisons et faits merveilleux rapportés dans cette brochure n'ont qu'une autorité purement humaine et, qu'au jugement infaillible de la Sainte Eglise Catholique, Apostolique et Romaine, nous soumettons sans réserve et pour toujours, notre personne et nos écrits.

PRÉFACE

*Depuis que la chapelle de Notre-Dame de Santé
a été rendue au culte, les pèlerins qui la visitent
manifestent très souvent le désir de connaître l'origine
de ce sanctuaire ainsi que les prodiges multipliés en
ce lieu béni en faveur de ceux qui, depuis des siècles
viennent implorer les faveurs de la miséricordieuse
Vierge, salut des infirmes.*

*C'est pour satisfaire cette pieuse et louable curiosité
que nous avons eu la témérité d'écrire la présente
monographie.*

*Les délibérations du conseil général et particulier
de la communauté ; les minutes du testament de Jean
de Castellane, dont la noble et illustre famille hérita
de la terre et du château de la Verdière en vertu du
legs fait, en 1437, par Philippe de Vintimille, en
faveur de Réforciat de Castellane son cousin germain ;
l'acte de fondation du couvent de Notre-Dame ; les
archives, hélas ! bien entamées par le temps et les
révolutions, du Château de la Verdière appartenant
actuellement à Madame la marquise de Forbin
d'Oppède, née de Boisgelin ; la Panacée mystique,
ou recueil des principales merveilles qui ont rendu*

célèbre notre chapelle vénérée, ouvrage composé, en 1655 par le R. P. Ignace Gory, trinitaire déchaussé, prieur du couvent de N. D. de Santé de la Verdière ; les annales et le nécrologe des religieux déchaussés de la Très Sainte Trinité dus à l'érudition du R. P. Ignace de Saint-Antoine, célèbre théologien né à La Seyne-sur-Mer, Var, et appartenant au même ordre ; l'histoire de Provence de M. Honoré Bouche ; la description historique et topographique de Provence, de M. Achard ; l'obligeance de Madame veuve Casimir Blanc, de Nice, propriétaire de l'ermitage ; les archives paroissiales enrichies des notes de notre prédécesseur, M. l'Abbé Reibaud, et enfin nos recherches personnelles nous ont fourni les documents authentiques que nous présentons au lecteur.

La topographie du sanctuaire, son origine, son histoire jusqu'à nos jours ; les miracles obtenus par l'intercession de Notre-Dame, et le témoignage de plusieurs personnes qualifiées sur la vérité de ces guérisons ; comment la dévotion à cette Bonne Mère a préservé de la peste, délivré des tempêtes, sauvé des naufrages ; ;es indulgences accordées par les Souverains Pontifes à tous ceux qui visitent les églises ou chapelles consacrées à la Très Sainte Vierge invoquée sous le titre spécial de Notre-Dame de Santé ; les exercices d'une neuvaine et les cantiques en l'honneur de la Madone de La Verdière : telles sont les différentes matières qui feront t''objet de cette brochure.

Daigne la Mère de la Divine Grâce bénir nos efforts et se servir de ces pages, que nous la prions d'agréer, pour procurer la paix du cœur et une confiance sans égale en sa toute puissance suppliante à tous ceux qui, désormais, comme par le passé, lui diront avec ferveur :

Notre-Dame de Santé, priez pour nous !

La Verdière, Var, le 2 Juillet 1915
en la fête de la Visitation de la Sainte Vierge.

CHAPITRE PREMIER

Historique de la Chapelle de Notre-Dame de Santé

Sur l'ancienne limite des diocèses d'Aix et de Riez, à une médiocre distance de Varages, de Saint-Martin-de-Palières, d'Esparron, de Rians et de Ginasservis; après avoir laissé derrière soi le bourg de la Verdière, dont le nom seul annonce le gracieux cadre de verdure au milieu duquel le village est paresseusement assis, on arrive dans la vaste et belle plaine de Notre-Dame, ainsi nommée depuis que les de Castellane y firent bâtir une chapelle dédiée à la Sainte Vierge.

Trois pittoresques vallées entourées de riantes collines dont les hauteurs s'abaissent en un moutonnement de chênes et de buissons verts partent de cette plaine. La première, à l'ouest, court vers Rians, la Durance, Aix-en-Provence ; la seconde, au nord-est, va dans la direction de La Verdière, Montmeyan, Castellane ; la troisième, à l'est, fuit rapidement vers Varages, Tavernes et Barjols.

De l'éminence sur laquelle la chapelle est bâtie au sein d'une vivante solitude, l'œil errant aperçoit çà et là quelques sources dont l'eau limpide murmure timidement sous les joncs, la maison de M.

Casimir Blanc, le village de La Verdière comme écrasé par la puissance du château des de Forbin d'Oppède qui le domine, de nombreux groupes de constructions jaspées de la rouille du temps et auxquelles la vie s'attache comme la giroflée se cramponne aux vieux murs ; enfin, à l'horizon, le Luberon, les Alpes, les deux Bessillons qui dressent leur sérénité vers le ciel à la voûte duquel s'arc-boutent leurs cimes.

L'époque précise et le motif de la fondation de la chapelle de Notre Dame de Santé sont inconnus. Le P. Ignace de Saint-Antoine, trinitaire, affirme dans les Annales de son Ordre que ce sanctuaire est très ancien et que la date de son érection se perd dans la nuit des temps.

L'auteur de la Panacée mystique, le R. P. Ignace Gory, qui, en qualité de prieur du couvent de Notre-Dame, avait certainement consulté les traditions locales et les archives encore intactes, de son temps, de la commune et du château, ne donne aucune date précise de la fondation de notre chapelle dans son ouvrage paru en 1655.

Dans la dédicace qu'il fait de son livre à Jean-Baptiste de Castellane, seigneur de La Verdière, Varages, Saint-Julien, Bezodun, il se contente de rendre hommage au zèle et à la charité dont il a fait preuve en relevant de ses ruines la chapelle de N. D. de Santé de La Verdière. Au chapitre IX de la

Panacée mystique, le R. P. Gory ajoute : « l'insolence des guerres jointe à la négligence de ceux qui ont tenu cette chapelle n'ayant laissé subsister aucun titre sur la première fondation de ce sanctuaire, la mémoire en aurait été perdue, si la Très Sainte Vierge n'avait montré qu'elle prend plaisir à être vénérée en ce lieu en multipliant les miracles en faveur des pèlerins qui s'y rendent pour implorer son puissant secours ».

Les de Castellane rentrèrent en possession du fief de La Verdière en 1437. De même que les de Vintimille avaient doté la communauté d'une belle église offrant plus d'un point de ressemblance avec la cathédrale de la ville italienne dont cette noble famille portait le nom ; de même les nouveaux propriétaires du château et des terres de La Verdière voulurent avoir l'honneur d'élever un nouveau temple sur le territoire de la paroisse. Ils le dédièrent à la Mère de Dieu à laquelle ils avaient prouvé leur dévotion en faisant bâtir à Castellane le sanctuaire de Notre-Dame du Roc.

C'est donc dans la première moitié du xv⁰ siècle qu'il faut placer la fondation de notre chapelle vénérée. Il serait téméraire de la reporter à une date plus reculée. Elle a été bâtie sûrement après l'église paroissiale de La Verdière dont elle est une copie fidèle, tout en offrant plus de régularité dans sa construction ; or, l'église n'a été finie qu'à la fin du

xive siècle par Reyne II de Vintimille, ce n'est donc
que postérieurement que la chapelle de Notre-Dame
a été construite. L'ogive de la voûte de la nef,
l'ouverture qui se trouve au - dessus de la porte
principale présentent, en effet, tous les caractères du
gothique du xve siècle, période de décadence. Quoi
qu'il en soit, les documents qui concernent cette
fondation ne remontent pas au delà de 1624. Avant
cette date, chaque année, le premier jour de l'an, le
conseil général de la communauté nommait les
« luminiers », prieurs, de N. D. de Santé. Cela prouve
que la Très Sainte Vierge était honorée sous ce titre
dans la chapelle de La Verdière, avant l'arrivée des
R. P. Trinitaires ; et que, si ces religieux y furent
appelés, c'est principalement parce que la dévotion à
Notre-Dame de Santé était très pratiquée dans les
couvents de leur Ordre.

Un acte daté de 1631 concernant la chapelle, ayant
alors pour recteur un prêtre du diocèse nommé par
l'Archevêque d'Aix, porte « que les anciens seigneurs
du lieu voulant honorer la Très Sainte Vierge
avaient construit une chapelle dite de N. D. de
Santé, que le bâtiment tombant en ruine , 'Jean-
Baptiste de Castellane, désireux de perpétuer cette
dévotion, requit les consuls de faire rétablir le
monument, associa la communauté au juspatronat
et promit de contribuer à l'entretien de l'édifice en
cas de nouveaux dégâts, les consuls demeurant

chargés d'entretenir le mobilier dont l'inventaire devrait être fait par le Juge du Seigneur ».

Comme on le voit, dans cet acte où la chapelle est désignée sous le nom de N. D. de Santé, il n'est pas question du tout des R. P. Trinitaires. Cela confirme ce qui a été dit plus haut, c'est que la dévotion à la Vierge de Santé était établie à La Verdière avant l'arrivée de ces religieux.

En 1624, Jean de Castellane et la communauté firent l'hôtellerie pour recevoir les nombreux pèlerins. L'année suivante, ils relevèrent la chapelle de ses ruines.

En examinant les différentes parties de cet édifice, on s'aperçoit bien vite que la partie antérieure est d'une date plus récente. En 1625, il ne s'agissait donc pas seulement d'une réparation de la partie la plus ancienne, c'est-à-dire des deux travées qui touchent le couvent, mais encore d'un agrandissement de moitié. La construction de l'hôtellerie et l'agrandissement de la chapelle étaient du reste commandés par le grand concours d'étrangers attirés par la foire tenue le 8 septembre dans la plaine de Notre-Dame depuis l'année 1600. La Nativité de la Sainte Vierge étant à cette époque une fête chômée, il fallait un établissement assez grand pour contenir les nombreux pèlerins attirés soit par la dévotion, soit par la foire, soit par les deux à la fois.

Toutes ces restaurations et constructions furent

faites à frais communs selon l'accord intervenu entre le Seigneur du lieu et la communauté.

Par son testament du 18 septembre 1631, Jean-Baptiste de Castellane légua à la chapelle une rente annuelle et perpétuelle de quatre charges de blé, de dix panneaux la charge, et trente livres d'argent, grevant pour celà d'une hypothèque sa propriété des « Olivettes », terroir de Varages, à la condition qu'une messe serait célébrée à l'autel de Notre-Dame le jour de son décès et qu'un service serait chanté tous les mois pour les fidèles trépassés de sa famille.

Par suite de ces dispositions testamentaires, trois religieux prêtres et deux frères convers de l'Ordre des Trinitaires déchaussés vinrent s'établir à Notre-Dame de Santé en 1635 et logèrent d'abord dans une très modeste maison de campagne à laquelle on donne encore de nos jours le nom de « Bastide des Pères » (Les Gaydes).

Mis en possession du sanctuaire par le seigneur et les consuls de La Verdière, ces religieux en furent nommés recteurs par Louis de Bretel, archevêque d'Aix, d'après une délibération communale de 1635. Le premier prieur de la nouvelle communauté fut le R. P. Grégoire de la Purification. Il était né dans les environs de Narbonne. Jean de Castellane le prit pour confesseur et voulut qu'il l'accompagnât tandis, qu'avec l'armée du roi, il reprit aux espagnols les îles de Lérins. Très intérieur, très adonné à l'oraison

STATUE MIRACULEUSE DE NOTRE-DAME-DE-SANTÉ

Une grande pierre apportée de Jérusalem par un religieux trinitaire a servi à faire cette statue vénérée à La Verdière depuis le xvᵉ siècle, et, depuis quelques années, classée comme objet d'art.

à laquelle il consacrait la plus grande partie de ses nuits, ce religieux mourut à Narbonne, d'après le nécrologe de l'Ordre des Trinitaires du R. P. Ignace de Saint-Antoine.

Les religieux déchaussés restèrent vingt trois ans à Notre-Dame de Santé et furent remplacés par les Trinitaires chaussés du couvent de Saint-Sauveur d'Aix en 1658.

Pendant leur séjour de presque un quart de siècle au monastère de La Verdière, les premiers gardiens de Notre-Dame eurent grand soin de la chapelle et placèrent au-dessus du maître-autel la statue miraculeuse de la Vierge de Santé. Sculptée dans un seul bloc de pierre qui, d'après la tradition locale, avait été apporté de Jérusalem par un religieux de l'Ordre de la T. S. Trinité, cette statue est actuellement très appréciée par le ministère des Beaux-Arts.

De suite après leur prise de possession de Notre-Dame de Santé, les religieux chaussés firent terminer le couvent commencé par leurs prédécesseurs et établirent dans l'hôtellerie construite en 1624, à cinquante pas de la chapelle, un petit pensionnat qui, en peu de temps, acquit une certaine célébrité. Les familles aisées de La Verdière, Rians, Varages, Tavernes, Barjols, Saint-Maximin, Aups, Manosque, etc, plaçaient très volontiers leurs enfants dans cette maison où, sous le regard protecteur de Marie, ils étaient initiés à tous les secrets de la science et, par

leurs prières et leurs chants, contribuaient à l'édification des pèlerins et à la splendeur des cérémonies
sacrées.

Le conseil ordinaire de la communauté, par sa
délibération du 12 mai 1658, donna au premier consul
Arnaud pouvoir de passer un acte avec Jean-Baptiste
de Castellane, seigneur de La Verdière et les nouveaux gardiens du sanctuaire de Notre-Dame.

Le R. P. Pellas, provincial des Trinitaires chaussés, se rendit à La Verdière pour s'entendre avec les
fondateurs. D'après cet acte qui fut passé le 13 mai,
l'Ordre s'engagea à envoyer à Notre-Dame trois
religieux prêtres et deux frères convers chargés du
service religieux de ce quartier, de célébrer la sainte
messe tous les jours dans la chapelle et d'acquitter
les fondations. Ajoutant de nouvelles libéralités à
celles de son père, J.-B. de Castellane prit l'engage-
ment de servir une rente annuelle de six charges de
blé et une pension hebdomadaire de six livres de
viande. Les fondateurs acceptèrent le juspatronat
et s'engagèrent à contribuer de leurs deniers à la
réparation des bâtiments, en cas de nouveaux dégâts.
Cet acte, ayant été revêtu des signatures de J. B. de
Castellane, du R. P. Pellas, provincial, et du premier
consul Arnaud, fut transcrit, quant à ses parties
essentielles, sur le registre des délibérations du
conseil de ville le 25 juillet suivant (1).

____

(1) Archives municipales.

Un peu plus tard, le chevalier de Castellane fonda dans la chapelle une messe basse par jour et, à cette fin, donna 1200 livres. En 1666, le conseil communal autorisa les chapelains de Notre-Dame à accepter un don de 200 livres fait par M. Biseillet d'Aix. Les intérêts de cette somme devaient servir à entretenir nuit et jour la lampe du T. S. Sacrement dans la chapelle.

Dès leur arrivée à La Verdière, les R. P. Trini-taires chaussés s'appliquèrent à rendre très floris-sante la dévotion à Notre-Dame de Santé. Leurs pieux efforts furent couronnés de succès. Une circonstance contribua beaucoup de 1630 à 1780 à attirer les populations chrétiennes au vénéré sanctu-aire. Ravagée par la peste qui dépeuplait ses villes et ses campagnes, la Provence, réclamait alors plus que jamais la protection de Celle que l'Église appelle si justement le Secours des chrétiens, le Salut des infirmes, la Consolatrice des affligés.

En 1640, le R. P. Ignace Gory fut nommé par son provincial, prieur du couvent de la Verdière. Vrai Rhône d'éloquence, disent les manuscrits, ce religieux avait prêché avec succès plusieurs carêmes, avents et retraites dans les principales villes de Provence. Les loisirs que lui laissaient ses pérégrinations apostoliques, il les employa à composer un livre ayant pour titre « Panacée Mystique, ou remède à toutes sortes de maladies et accidents de la vie, qui est la dévotion à la glorieuse Vierge Mère de Dieu, honorée sous le titre de N. D. de Santé ».

L'impression de cet ouvrage fut payée par le château et la commune. Il parut à Lyon en 1655 et fut édité par Guillaume Barbier, imprimeur du Roi. On en trouve encore un exemplaire dans les archives du château de La Verdière (Var).

Avec l'hommage de leur vive et respectueuse gratitude pour les bienfaits reçus, grâce à sa puissante intercession, les pèlerins de Notre - Dame offraient à leur céleste Bienfaitrice d'abondantes aumônes dont une ordonnance approuvée en 1642 par le Ministre des Trinitaires régla définitivement l'emploi.

A partir de ce moment, les archives de la commune et du château ne parlent plus de Notre-Dame de Santé jusqu'au 25 avril 1729, jour où le conseil ordinaire de la communauté délibéra unanimement que les consuls feraient placer un banc dans le sanctuaire de la chapelle, pour leur servir lorsqu'ils jugeraient à propos d'y venir. « Au-dessus de ce banc, ajoute cette délibération, et dans la muraille, seront placées les armoiries de la communauté de ce présent lieu pour leur servir de monument à l'avenir ».

Le 20 janvier 1737, M. de la Forest rappelle au conseil ordinaire qu'en vertu de l'acte reçu par feu

Mᵉ Malherbe, notaire à La Verdière, le 13 mai 1658, l'Ordre des Trinitaires s'est engagé à faire résider trois Pères célébrants au couvent de Notre-Dame.

Cette convention n'étant pas respectée, trois religieux prêtres ne se trouvant que très rarement à Notre-Dame ; de plus, aucun des chapelains du sanctuaire n'étant approuvé par l'évêque diocésain — à savoir Mgr l'Archevêque d'Aix — pour entendre les confessions, ce qui était très nécessaire dans le couvent de La Verdière à cause de la grande dévotion qu'il y avait dans son église ; le conseil prie le seigneur du lieu, M. le Marquis de Forbin d'Oppède, de vouloir bien demander au R. P. Provincial trois religieux prêtres approuvés pour la confession (1).

Dans le courant de l'année 1768, le bruit de la suppression du couvent de N. D. de Santé s'étant répandu à La Verdiére et dans les environs, il fut représenté au conseil communal, qu'en fondant cet établissement le seigneur et les consuls avaient voulu : 1ᵒ faire honorer la Très Sainte Vierge et assurer la célébration de la messe aux habitants de ce quartier ; 2ᵒ procurer du secours à la paroisse de La Verdière dans le cas où, pour une raison ou pour une autre, elle viendrait à manquer de prêtres ; 3ᵒ accorder la même faveur aux paroisses voisines.

Après avoir entendu cette représentation, le conseil

---

(1) Archives municipales.

décida, à l'unanimité, d'adresser une supplique apos-
tillée par l'Ordinaire et M. le baron d'Oppède à Mgr
l'Archevêque de Reims, grand aumônier de France,
afin d'obtenir par sa protection, le maintien des
Trinitaires au monastère de Notre-Dame (1).

Que s'était-il passé ? Quel évènement avait-il pu
donner lieu au bruit qui motive cette délibération ?

Le gouvernement s'occupait alors de la réforme
des ordres religieux. Une commission nommée en
1765 était chargée d'étudier les moyens les plus
efficaces pour arriver au résultat qu'on se proposait
d'atteindre. Composée en grande majorité de Jansé-
nistes , elle se montra bien entendu hostile aux
communautés religieuses. Un édit émané du Conseil
d'Etat, mars 1768, porta à 21 ans l'âge requis pour
l'émission des vœux monastiques dans le but évident
de diminuer ainsi le nombre des vocations et de pré-
parer la suppression des couvents. L'Ordre des
Trinitaires fut un des premiers exposé aux tracasse-
ries de cette singulière commission dont Loménie de
Brienne était l'âme, et qui exigea impérativement que
les chaussés et les déchaussés ne forment plus à
l'avenir qu'une seule et même congrégation (2).

En décembre 1768, le R. P. Code, provincial de
l'Ordre vint à La Verdière pour notifier aux juspatrons

____

(1) Archives municipales.
(2) Essai historique sur la destruction des ordres reli
gieux en France au xviiiᵉ siècle par le R· P. Rat, 1845.

qu'en exécution d'une déclaration du roi et avec l'approbation de Mgr l'Archevêque d'Aix, les Trinitaires avaient résolu d'abandonner le couvent de Notre-Dame de La Verdière.

Plusieurs conférences furent tenues, mais on ne put tomber d'accord sur la question des fondations, des ornements et autres articles. Il fut donc convenu de remettre la décision du tout à un arbitrage. D'un commun accord, M. M. de Saint-Vincent et d'Aubert président du parlement d'Aix, furent choisis pour arbitres.

Après avoir entendu plusieurs fois les parties et pris connaissance des raisons et titres respectifs, les arbitres décidèrent : 1° que les Trinitaires laisseraient à la chapelle la fondation de 300 livres faite par M. de Castellane ; 2° qu'ils ne prendraient rien sur les fonds destinés à la lampe du T. S. Sacrement ; 3° qu'ils laisseraient tout ce qui est mentionné sur l'inventaire fait lors de leur prise de possession du sanctuaire, ; enfin qu'ils pourraient emporter les trois autres fondations, dont deux de 300 livres et la troisième de 150.

M. le Baron d'Oppède et le R. P. Code furent satisfaits de ces arrangements et les acceptèrent. Tenu le premier janvier 1779, le conseil général souscrivit à la décision des arbitres.

Quelques jours après les religieux quittèrent le couvent de La Verdière et rentrèrent dans leur monastère de Saint-Sauveur d'Aix.

D'après le titre de fondation le couvent de N. D. de Santé était plutôt un bénéfice qu'une communauté religieuse. Aussi ne fut-il pas abandonné. Après le départ des religieux, les juspatrons s'empressèrent d'y nommer un chapelain chargé d'y assurer le service divin les dimanches et fêtes et de prendre soin de la chapelle. Dès ce moment le clergé paroissial prit l'habitude de conduire les habitants en procession à Notre-Dame pour y chanter très solennellement la messe et les vêpres de la Nativité de la Sainte Vierge, 8 septembre. Les fonctions de chapelain furent remplies de 1779 à 1786, par M. l'Abbé Martin, et de 1786 à 1792 par M. l'Abbé Fabre. Les juspatrons nommèrent, en même temps, un ermite qui devait rester continuellement à la disposition du chapelain dont il devait servir la messe et des pèlerins. L'obligation de sonner l'angelus trois fois par jour, de garder, d'aérer, de nettoyer le couvent et la chapelle lui incombait aussi.

Le couvent et l'hôtellerie ainsi que les terres environnantes furent vendus comme biens nationaux en 1793, en même temps que ceux du prieuré.

La chapelle ne fut pas comprise dans cette vente. Celà étant, en vertu d'un arrêté du gouvernement en date du 7 thermidor, an XI, au moment du rétablissement du culte, la fabrique de La Verdière aurait pu redevenir immédiatement propriétaire de N. D. de Santé, en adressant à M. le Préfet une demande d'envoi en possession. Cette formalité ne fut malheureusement pas remplie, et la chapelle resta à l'acquéreur du couvent et des terres l'environnant.

Ce premier propriétaire signala son impiété en convertissant sans retard le couvent en ferme et la chapelle en remise, écurie, bergerie et grenier. La statue miraculeuse et séculaire fut reléguée dans un coin de la ferme et subit pendant quatre vingts ans cette profonde humiliation. Les caveaux creusés dans la chapelle abandonnée furent profanés et les ossements des religieux qui y avaient été ensevelis furent mêlés aux décombres et foulés par le pied sacrilège des fermiers et des bêtes de somme.

Animé de meilleurs sentiments, le second proprié taire de Notre - Dame rendit au culte la chapelle restaurée par sa générosité. Les travaux de consolidation terminés, la statue vénérée fut replacée dans sa niche au fond de l'abside.

Par son testament du 21 janvier 1897, M. Victor Pastorel fit au profit de la fabrique de La Verdière un legs particulier, Voici en quels termes.

« Je lègue à titre particulier à la fabrique de la paroisse de La Verdière toute une propriété rurale sise au quartier de N. D. de Santé, commune de La Verdière, consistant en bâtiments d'habitation et d'exploitation , ancienne chapelle et terres contigües et non contigües de toute nature en dépendant situées dans le terroir de La Verdière,

Varages et Saint-Martin , ensemble les capitaux d'exploitation attachés à la dite propriété, mais la dite fabrique paroissiale n'en jouira qu'après le décès de mon épouse à qui j'en lègue expressément l'usufruit le plus large ».

Dans sa délibération du 25 avril de la même année, ¡e conseil de fabrique reconnaissant que le legs était avantageux décida qu'il y avait lieu d'accepter provisoirement et chargea M. le trésorier de faire, auprès du gouvernement, toutes les démarches nécessaires pour être autorisé à accepter définitivement. Six ans après, un décret présidentiel du 3 juin 1903 accorda cette autorisation aux conditions suivantes : l'usufruit dont jouissait Mme veuve Pastorel étant éteint, la fabrique légataire devra vendre les immeubles de Notre-Dame de Santé ainsi que les capitaux attachés à la dite propriété aux enchères publiques sur une mise à prix de 7000 francs qui, déduction faite de la somme de 1200 francs à répartir, à titre de secours, entre plusieurs héritiers naturels du testateur, sera placée en rentes 3 % sur l'Etat au nom de l'établissement légataire.

Rendue obligatoire, cette vente eut lieu le 5 novembre 1903, en l'étude et par le ministère de M⁰ Berne, notaire à La Verdière. M. Casimir Blanc, ex-notaire à Nice, riche propriétaire à La Verdière son pays d'origine où lui et toute sa très honorable famille jouissent d'une estime générale très méritée , fut déclaré adjudicataire, paya comptant le prix de 7000 francs indiqué dans le cahier des charges et entra en possession et jouissance immédiates des dits immeubles et capitaux dès le jour de l'adjudication.

Cette vente ravit à la paroisse tous les droits à la chapelle de Notre-Dame que M. Pastorel lui avait légués par ses dernières volontés formellement exprimées tant dans son testament que sur sa tombe où on lit encore cette épitaphe : « Ici repose Désiré-Victor Pastorel donateur de Notre-Dame de Santé à la fabrique pour en faire un pélerinage ».

M. Pastorel dicta lui-même ces paroles, peu avant sa mort, à M. Louis Gède, entrepreneur, et le pria de les transmettre, en temps opportun, à M. Adrien Estève, tailleur de pierres à La Verdière, pour qu'il les gravât sur sa tombe.

Témoins très attristés du peu de respect que l'on avait pour les dernières volontés de leur insigne bienfaiteur, les habitants de La Verdière devaient-ils perdre tout espoir d'aller à l'avenir, comme par le passé, faire leurs dévotions dans leur chapelle tant aimée ?... Non. — Du haut du ciel Notre-Dame veillait sur sa demeure de prédilection et obtenait du cœur de Dieu que la très chrétienne famille Blanc en devienne la propriétaire. Grâce à cette nouvelle et bienveillante intervention de sa céleste Bienfaitrice, le bon peuple de La Verdière put conserver l'espoir bien doux de continuer ses fervents pèlerinages toutes les fois que sa confiance en Marie l'attirerait dans le béni sanctuaire où, depuis le xve siècle, la Vierge, salut des infirmes, prouve que dans ses mains le sceptre est un sceptre d'amour.

Aux sourires et aux bienfaits innombrables que Marie leur douce protectrice ne cessera jamais de leur prodiguer, puissent les nouveaux propriétaires et gardiens de Notre-Dame répondre en faisant complètement restaurer la chapelle si vénérée dans la région pour la déposer, aux pieds de la Madone si puissante et si bonne, comme une rose épanouie de granit.

C'est le vœu le plus cher de l'auteur de cette monographie et de tous ses excellents paroissiens.

CHAPITRE DEUXIÈME

Rétablissement du Pèlerinage

Témoins des ruines accumulées à N. D. de Santé par la tourmente révolutionnaire les populations au milieu desquelles s'élève ce sanctuaire pouvaient dire, avec le poëte :

> « J'ai vu sous le soleil tomber bien d'autres choses,
> Que les feuilles des bois et l'écume des eaux !
> Bien d'autres s'en aller que le parfum des roses
> Et le chant des oiseaux ». (1)

Tandis qu'une solitude profonde prêtait je ne sais quelle solennité au monastère silencieux et à la chapelle déserte sur les vieux murs desquels le lierre jetait la plus riche des draperies, la confiance en Marie, salut des infirmes, n'avait connu aucun déclin.

Semblable au feu caché sous la cendre et que le moindre souffle peut ranimer, cette dévotion longtemps comprimée au fonds des cœurs fidèles se traduisit en acte en 1817.

Afin d'obtenir la fin d'une sècheresse intense par laquelle les récoltes étaient gravement compromises

---

(1) A. de Musset. — Souvenirs.

les principaux propriétaires du pays demandérent à M. l'abbé Raynaud François de conduire ses paroissiens de La Verdière en procession à N. D. de Santé. Ce pèlerinage fut fait, avec l'autorisation des vicaires capitulaires d'Aix.

Huit ans après, en 1825, le même curé et pour obtenir la fin du même fléau dévastateur conduisit pendant neuf jours à la chapelle de Notre-Dame, les enfants qu'il préparait à la première communion.

Nous reviendrons sur ces deux processions au chapitre suivant.

Pour que sa paroisse suivit l'élan religieux qui, dès l'année 1873, poussait la France entière vers les sanctuaires dédiés à la Mère de Dieu, M. l'abbé Hermitte, curé de la Verdière, conduisit son peuple à la chapelle de la Vierge de Santé au mois de septembre des années 1873 et 1877. Le second de ces deux pèlerinages se fit avec un entrain admirable.

Six prêtres, parmi lesquels le vénérable chanoine André Tripe, curé-doyen de Tavernes, vieillard plus qu'octogénaire, entouraient le digne curé de la paroisse. Au cortège très imposant formé par les habitants de La Verdière auxquels s'étaient joints le maire et tout le conseil municipal, vint s'ajouter un nombre considérable de pèlerins de la région. Après cette grandiose manifestation de foi et de confiance en Marie, chacun se plaisait à espérer un rétablissement prochain et définitif du célèbre pèlerinage.

Des complications inattendues vinrent subitement dissiper ces belles espérances. Certaines difficultés firent écarter momentanément le projet de rendre la chapelle au culte. Ce contretemps devint pour les verdièrois le sujet d'une cruelle déception. Ils conservèrent tout de même l'espoir de prier bientôt N. D. de Santé dans son temple privilégié. Se souvenant que c'est le propre des œuvres de Dieu d'être entravées dans leur marche, ils eurent plus que jamais recours à la prière pour demander à Dieu de faire cesser sans retard le désolant abandon où se trouvait, depuis plus d'un siècle, leur chapelle tant aimée. Ils furent bientôt exaucés. En voici la preuve.

« Sachant, disait la *Semaine Religieuse* de Fréjus, dans son numéro du 20 septembre 1878, combien la dévotion à la Très Sainte Vierge attire de bénédictions sur une paroisse, M. l'abbé Reybaud, dès son arrivée à La Verdière, a fait du rachat de la chapelle de N. D. de Santé l'objet constant de ses préoccupations. Avec l'appui et les encouragements de l'autorité diocésaine, il s'est empressé de reprendre les négociations commencées par son prédécesseur et a pu obtenir une solution très favorable.

« M. Désiré-Victor Pastorel, l'honorable propriétaire, a bien voulu se charger de faire restaurer la chapelle à ses frais, et s'est engagé à la rendre au culte.

« Désireux de relier le présent au passé par le

rétablissement du pèlerinage traditionnel, M. le curé
de La Verdière décide que sa paroisse se rendra
désormais, tous les ans, en procession, au sanctuaire
de Notre-Dame, le lundi qui suit le premier dimanche
de septembre et que toutes les paroisses de la région
seront invitées à prendre part à cette cérémonie.

« Répandue dans toute la contrée cette bonne nouvelle est accueillie partout avec joie. Au jour indiqué
et à l'heure fixée pour le départ, les fidèles se réunis-
sent en grand nombre à l'église paroissiale. M. le
curé entonne l'*Ave Maria Stella*. Plus de cinq cents
voix d'hommes, de femmes, d'enfants poursuivent le
chant sacré et la procession se met en marche.

« Portée par les demoiselles de la Congrégation, la
statue de la Très Sainte Vierge reçoit partout les
hommages les plus respectueux. Après deux heures
de marche, de chants et de prières, la procession
arrive à la chapelle. L'image de la Bonne Mère re-
prend triomphalement possession de son temple paré
ainsi qu'aux plus beaux jours. Il est huit heures.
Une première messe, à laquelle un grand nombre de
fidèles ont le bonheur de communier, est célébrée par
M. le curé Reibaud Le Saint Sacrifice achevé, le R.
P. Nicolas OMI, de la maison d'Aix, chanta admi-
rablement Marie corédemptrice du genre humain.
Après ce discours magistral, des messes furent
dites sans interruption jusqu'à midi. Après les vêpres
très solennelles présidées par M. l'abbé Nicolas, de

La Verdière, professeur au Petit Séminaire de Brignoles. M. le Curé remercia chaleureusement les huit
prêtres et tous les pèlerins qui avaient répondu à son
appel, leur donna rendez-vous à Notre-Dame de
Santé pour les années suivantes, et exhorta tous ses
paroissiens à reprendre souvent le chemin du béni
sanctuaire.

« La consécration à la Sainte Vierge de toutes les
paroisses représentées aux pieds de la Madone étant
achevée, les fidèles de La Verdière revinrent en
procession à leur église paroissiale, où ils reçurent
la bénédiction du Très Saint Sacrement, digne
couronnement d'une journée si bien remplie ».

Afin d'écarter tout danger d'écroulement de la
voûte lézardée à deux endroits, des travaux de
consolidation furent faits à la chapelle en 1881.
Débarassée de toutes les constructions profanes qui
l'obstruaient depuis qu'elle servait, hélas ! d'écurie,
de remise, de cellier, la belle nef gothique apparut
alors dans toute sa pureté.

Ces heureuses transformations et plus encore la
circonstance du jubilé attirèrent, le lundi 5 septembre,
un nombre prodigieux de pèlerins à N. D. de Santé.

Au sujet de cette grandiose manifestation religieuse, dans son numéro du 17 septembre 1881, la
Semaine diocésaine inséra la correspondance suivante :

« Lundi 4 septembre, la paroisse de La Verdière a

fait son pelerinage annuel au sanctuaire de N. D. de
Santé rendu au culte depuis deux ans, après cent
ans d'abandon.

« Si cet acte de religion s'était accompli dans des
conditions ordinaires, nous aurions gardé le silence,
comme nous le fîmes, l'an dernier, mais il a pris,
cette année, un tel caractère de piété que tout le
monde en est encore émerveillé. A quoi cela tient il ?
Est-ce seulement au besoin qu'éprouvent les âmes
chrétiennes, dans les temps troublés et menaçants
que nous traversons, d'implorer la protection divine
par l'entremise toujours si efficace de la Très Sainte
Vierge ? Ne serait-ce pas aussi un peu à l'heureuse
idée de faire coïncider le pèlerinage avec les exercices
jubilaires ? Quoi qu'il en soit, toute la population s'est
portée, lundi dernier, à N. D. de Santé. Le village
est resté littéralement désert.

« Sur un trône radieux resplendissant du feu de
cent cinquante cierges offerts spontanément par la
piété des fidèles, la douce image miraculeuse de la
Vierge de Santé souriait délicieusement aux paroissiens de La Verdière qui, dès huit heures, envahirent
la chapelle. Une première messe est dite aussitôt.
De nombreux pèlerins y communient avec ferveur.
Pendant ce temps arrive une foule compacte sous la
direction de MM. les curés de Tavernes, de Varages,
de Saint-Martin, d'Esparron, d'Artigues, de Rians,
de Ginasservis, de Saint - Julien, des Rouvières.

Après la dernière messe chantée à 10 heures, un enfant de La Verdière, M. l'abbé Gaze, professeur au Petit Séminaire de Grasse, prend la parole et, d'une voix qui traduit l'émotion profonde de son âme démontre combien grand est l'honneur qu'a La Verdière de posséder une chapelle rendue très célèbre par les nombreux miracles qui, d'après des documents authentiques, y ont été obtenus par l'invocation de N. D. de Santé. Il a ensuite félicité ses compatriotes de prêter sans cesse leur concours à leur vénéré pasteur pour la restauration de la chapelle, et les a exhortés à redoubler de zèle pour cette œuvre qui peut avoir de si heureux résultats pour l'avenir de leur paroisse.

« Au soir de cette très pieuse journée, les pèlerins ont reçu la bénédiction du Très Saint Sacrement et sont rentrés chez eux, heureux de ce bonheur que seuls goûtent, ici-bas, ceux qui aiment la religion et la pratiquent ».

Interrompu pour des raisons dictées par la prudence et que nous avons toujours admises, depuis l'achat de la chapelle fait par M. C. Blanc, peu avant la séparation de l'Eglise et de l'Etat, le pèlerinage de N. D. de Santé a été repris pendant la guerre européenne, on pourrait dire mondiale de 1914-1915. Voici in extenso le compte rendu de cette visite à Notre-Dame inséré dans le numéro du 1er mai 1915 de l'Officiel diocésain.

« Le samedi 17 avril, au matin, sont venus à flots pressés au sanctuaire cinq fois séculaire de N. D. de Santé les pèlerins de La Verdière auxquels s'étaient joints des groupes de toutes les paroisses des environs.

« Quel beau spectacle que ces centaines de fidèles se rendant en procession, dans un ordre parfait, vers l'agreste chapelle mise gracieusement à leur disposition par l'honorable et toujours très aimable famille C. Blanc ! Après plus d'une heure de marche sous les nefs mystérieuses formées par les chênes et autres arbres du bord de la route, les chants pieux et les prières vocales accompagnés par la puissante harmonie de la brise n'ayant pas discontinué, la procession arrive à la chapelle dont les portes s'ouvrent pour permettre à la statue de la Très Sainte Vierge d'entrer la première dans le saint lieu où depuis si longtemps elle donne de nombreuses preuves de son amour et de sa puissance.

« Après avoir annoncé que le Saint Sacrifice va être offert à l'intention de la France, de nos vaillants soldats et de toutes les personnes présentes, M. le curé célèbre la sainte messe. Quel entrain et à la fois quelle piété dans les chants ! Chanter c'est prier, et tous les pèlerins sont venus pour prier.

<blockquote>
« Confiance en Marie et courage,
Oui, nous vaincrons la rage
Des Teutons ;
Elle est forte comme une armée,
La Vierge aimée, la Vierge aimée
Que nous prions.
</blockquote>

disent les voix des jeunes filles. Le cantique traditionnel à N. D. de Santé dû à l'inspiration de M.
l'Abbé Elie Burle, notre compatriote.

« La Verdièro,
Tout entièro,
De tei bounta,
N. D. de Santa,
Ven ti ben remercia ».

est chanté par la foule, et les échos fidèles portent
à la Vierge tous ces chants d'amour. A dix heures,
la grand'messe est chantée par le R. P. Brice rentré
la veille de ses pérégrinations apostoliques. Après
l'évangile, M. Lucien Philibert, curé de La Verdière,
s'adresse au nombreux auditoire admirable de ferveur
et de recueillement que la chapelle, malgré ses 21
mètres de longueur, ne parvient pas à contenir, et
démontre que la France a toujours aimé et honoré
la Vierge, ainsi que les chevaliers du moyen-âge
aimaient et honoraient leur Dame. Il termine en
s'écriant avec un de nos plus grands papes : « Il
est impossible que la France périsse : c'est le royaume
de Marie ».

« Après l'auguste cérémonie, un nouveau chant de
circonstance est enlevé avec brio et ardeur par nos
infatigables et habiles choristes et, l'âme satisfaite,
le cœur content, les pieux visiteurs de Marie se
dispersent sur le plateau, près des sources environnantes, pour prendre une réfection bien gagnée.

« La charité qui ne cesse de régner pendant toute
cette sainte journée nous fait goûter la douceur du

printemps des cœurs rêvée par le poète (1), la douceur de ce renouveau de fraternité si souvent constaté,
même par les plus sceptiques, depuis le commence-
ment des hostilités.

« Le temps presse, on se hâte. Il est une heure
et demie. A la récitation du Rosaire complet ainsi
qu'à l'office des vêpres, la foule toujours très re-
cueillie assiste avec la foi des premiers âges et offre
un spectacle à la foi ravissant et très consolant : la
Vierge de Santé que le soleil couchant nimbe, en ce
moment, d'un rayon d'or, semble le contempler avec
délice. L'ombre descend sur la terre : il faut partir.
Une station encore aux pieds de la statue miraculeuse;
un dernier salut, un joyeux au revoir et nous quittons
Marie pour revenir en procession à l'église paroissiale où le Divin Maître nous attend pour nous bénir.
Les cantiques pieux, les prières récitées par tous à
haute voix remplissent encore la vallée et racontent
une dernière fois aux échos d'alentour que les sentiments épanouis pendant cette journée, vrai sourire
du ciel, ne risquent pas de mourir avec le crépuscule
du soir ».

Quelques mois après un nouveau pèlerinage régional était organisé. « Le jeudi 9 septembre, disait la
Semaine Religieuse de Fréjus, toutes les paroisses
du doyenné de Rians auxquelles s'étaient jointes

___

(1) François Coppée.

celles de Saint-Martin-de-Pallières et de Varages sont venues célébrer l'anniversaire du Miracle de la Marne au sanctuaire de Notre-Dame de Santé.

Rien n'avait été négligé de la part des dignes propriétaires de la chapelle pour donner à cette fête le plus d'éclat possible. Procurer la gloire de Dieu et de la Vierge Immaculée n'est-ce pas leur unique ambition ?... Pouvaient-ils dès lors ne pas se montrer soucieux d'exalter par leurs religieux hommages la Vierge au divin sourire ?..

La chapelle dont la restauration complète coïncidera avec la fin de la guerre actuelle offrait un aspect imposant. Gracieuse ordonnance des décors, heureux mélanges des tons, richesse des ornements sacrés, brillant éclat de mille cierges, rien ne manquait.

Les populations ont merveilleusement répondu à l'appel qui leur a été fait. Elles ont assisté nombreuses et choisies aux divers exercices de cette pieuse et vraiment imposante solennité.

Peu après l'arrivée de la procession de La Verdiére la messe de communion commence, les chants aussi.

Une seconde messe chantée par le sympathique et zélé curé de Saint-Julien, Vinon, Les Rouvières, M. l'Abbé Taillandier, aujourd'hui sous les drapeaux, suit de près la première : les chants ne discontinuent pas, toujours pleins de foi, d'entrain, d'harmonie.

A l'évangile, M. Victor Debergue, curé-doyen de Rians a charmé son pieux et intelligent auditoire.

Avec sa facilité ordinaire, cette douce piété et cette richesse d'imagination qu'on lui connaît, il a donné à son improvisation des développements à la fois instructifs, poétiques et touchants. Il a eu un mot d'éloges pour tous ; nul n'a été oublié ; l'émotion des fidèles a répondu à celle de l'orateur sacré.

C'est fini : la foule sort ; les chants recommencent.

D'un peuple entier qui te révère,
Tromperas-tu l'espoir si doux,
Du haut du ciel, exauce-nous.
Marie protège La Verdière.

C'est l'heure de l'office du soir... En un clin d'œil la chapelle se remplit encore : les cierges brûlent toujours de chaque côté de l'autel, aux pieds de la statue miraculeuse. Une imposante procession à laquelle prennent part plus de 600 pèlerins termine la série des cérémonies et clôture cette belle journée de prières pour la France et pour nos vaillants soldats.

L'heure s'avance ! Quinze heures, le soleil brûle encore, peu importe, il faut partir. Au chant des litanies et dans un ordre parfait, les fidèles de la région escortent jusqu'aux Trois Chemins, l'image de la Vierge portée par les infatigables Enfants de Marie de La Verdière et, de là, regagnent leur paroisse respective où Notre-Seigneur les attend pour les bénir.

Le pèlerinage est fini. C'est charmant pour la piété

et pour l'imagination, n'est-ce pas ? Mais tous ceux qui l'ont fait la sueur au front vous disent : imitez nous, pieux lecteurs.

Daigne la bienveillance de la très chrétienne famille C. Blanc, propriétaire de la chapelle, permettre au bon peuple de La Verdiére d'aller souvent à l'avenir, comme aux siècles déjà écoulés, prier Notre-Dame de Santé dans son sanctuaire préféré et bientôt, espérons-le, complètement restauré où elle se plaît, depuis si longtemps, à prodiguer ses faveurs les plus signalées.

CHAPITRE TROISIÈME

Merveilleuses guérisons et autres prodiges obtenus par l'intercession de Notre-Dame de Santé

Toute grâce vient de l'Incarnation ; l'Incarnation est venue, en fait, par Marie ; donc, c'est l'opinion commune des théologiens, toute grâce nous vient par Marie.

Les archives du château de La Verdière, les nombreux ex-voto appendus par la reconnaissance aux murs de notre vénéré sanctuaire ; les nombreuses dépositions verbales faites par les miraculés aux zélés gardiens de Notre-Dame permirent au R. P. Gory Ignace de rappeler dans sa « Panacée Mystique » cette vérité si éloquemment enseignée par Saint Charles Borromée ordonnant que sur toutes les portes des églises de son diocèse de Milan l'image de Marie soit pieusement placée.

Aux miracles mentionnés dans le livre du P. Gory que nous citons pour la plus grande gloire de Marie et l'édification des âmes, nous ajouterons plusieurs faits extraordinaires que la tradition locale nous a fait connaître et par lesquels la Mére de Dieu invoquée sous le titre de N. D. de Santé dans l'église du couvent de La Verdière a donné des marques si éclatantes de son pouvoir sur le cœur de Dieu.

Rien de plus ancien dans le monde que la dévotion des pèlerinages. « Les pèlerinages, dit un orateur célèbre, sont, pour ainsi dire, des actes de prise de possession de l'humanité par Marie. C'est là que sont écrits sur le marbre, gravés sur le bronze et dans le cœur de ses enfants, ses titres de propriété, et que sont suspendus les trophées de ses victoires. Quel que soit le point du globe où Marie, dans sa lutte contre l'antique serpent, remporte un avantage décisif qui élargit les limites de son empire : cime élancée, vallée profonde, plaine fertile, rochers inaccessibles, aussitôt la Vierge y plante sa bannière victorieuse et un monument s'élève qui rappelle aux générations futures la grandeur de la lutte et affirme ses résultats.

« Ces églises de pèlerinage, continue l'éloquent Mgr Freppel, sont autant de forteresses spirituelles qui protègent la foi des populations. Mais quand il plaît à Dieu d'imprimer à ce lieu de dévotion le sceau particulier de sa puissance, le motif de son choix, c'est encore, c'est avant tout de conserver ou de rendre aux âmes leur vigueur ou leur santé.

« Les lieux de pèlerinage sont dans le plan divin, si je puis m'exprimer ainsi, les eaux minérales, les eaux thermales de la piété, les bains spirituels où les âmes viennent se retremper en y puisant une énergie nouvelle ».

Ces paroles de l'ancien et illustre évêque d'Angers

peuvent être appliquées au sanctuaire de N. D. de Santé où la Vierge Marie se plait depuis si longtemps à récompenser la foi ardente, la confiance inébranlable de ses pèlerins par des faveurs signalées.

Le livre du R. P. Gory, prieur du couvent de Notre-Dame nous fournit celles que nous allons citer. (1)

Honoré Binet, bourgeois de la Cadière (canton du Beausset (Var), étant très malade et abandonné des médecins, sa femme, née Marguerite Arnaud, l'ayant voué à N. D. de Santé près La Verdière, recouvra aussitôt la santé et vint rendre grâce à la Sainte Vierge dans son sanctuaire, le 13 juin 1628.

Blanche de Barras, fille de Jean de Barras, seigneur de Clumens et de Saint-Laurent, atteinte d'un mal très grave et jugé incurable par les médecins les plus célèbres, Dame Hélène de Barras, sa mère, la recommanda à Notre-Dame de La Verdière et la santé lui fut rendue.

Madame Anne Liotaud, née Seaux, habitant le logis de la Cloche à Brignoles, Var, sentant au côté droit une douleur on ne peut plus violente, qui la

____

(1) Gory, *Panacée mystique*, chapitre IX.
Nous avons cru inutile de conserver l'ancienne orthographe.

privait de l'usage de ses sens, profita d'un moment de lucidité pour invoquer Notre-Dame de Santé et fut immédiatement guérie. Cette guérison miraculeuse fut obtenue le 28 décembre 1623.

Honoré Cauvin, de Saint-Tropez, fidèle pèlerin de N. D. de La Verdière, a certifié que toutes les fois que sa famille ou lui sont atteints de fièvres ou autres maladies, ils ont recours à la Vierge de Santé qui toujours les exauce et les guérit. C'est pour ce motif qu'il visite souvent son sanctuaire de La Verdière auquel il a fait présent d'une statue en marbre doré représentant la Sainte Vierge et son divin Fils.

Françoise, fille d'Honoré Richelme et d'Antoinette Pellat, de Moustiers-Sainte-Marie (Basses-Alpes), âgée de treize ans, et néanmoins si petite et si faible qu'on la portait dans une corbeille, après avoir passé trois ans sans pouvoir manger autre chose que des raisins, encore fallait-il qu'ils soient frais ou humectés pour qu'elle puisse les avaler, fut portée par son père à la chapelle de La Verdière, le 28 mai 1624. Au soir de ce jour, sa prière achevée, une fois hors du sanctuaire de N. D. de Santé, H. Richelme entendit sa fille Françoise lui adresser ce doux reproche : « Per qué m'avès tant leou sortido dé la gleiso ? Uno bello Damo mi porgiè dè pan et mi disiè qué iou n'en mangiariou ». Et de fait, le lendemain, après avoir entendu la Sainte Messe, elle voulut manger du pain bénit resté sur l'une des crédences de l'autel et continua depuis à pouvoir prendre tous les aliments ordinaires. Elle put ainsi, en peu de temps, recouvrer la santé qu'elle avait perdue.

Louise, fille d'Etienne Trucy, de Barjols, et fermier à Saint-Julien-le-Montagnier, avait la jambe droite en si mauvais état qu'elle ne lui servait pas plus que si elle avait été coupée.

Ayant entendu raconter par des témoins oculaires les merveilles opérées dans la chapelle de N. D. de La Verdière, et principalement la récente guérison de la jeune Richelme, de Moustiers, la femme d'Etienne Trucy s'écria : « Iou li vouoli ména ma bello Louiso ». Ce vœu ne fut pas plutôt formé et ces paroles dites que, par une de ces grandes merveilles dont la Vierge très puissante a le secret, Louise Trucy se leva et franchit, sans aucun aide, la distance de sept à huit pas qui la séparait de l'endroit où se trouvait sa mère. A partir de cet heureux jour, elle alla de mieux en mieux et, en compagnie de ses père et mère, vint accomplir son vœu à Notre-Dame de Santé. Depuis ce moment, elle vient plusieurs fois par an à pieds de Saint-Julien séparé par 10 kilomètres de la chapelle de la Vierge, salut des infirmes, et constate chaque fois que sa jambe se fortifie toujours davantage. Louise Trucy fut guérie en 1624 par Notre-Dame de Santé.

Le sieur Petra, de Brignoles, atteint d'une maladie ne lui permettant de marcher qu'à l'aide de deux polences se fit porter à la chapelle de la Madone de La Verdière au mois de juillet 1624 où il fit dire neuf messes qu'il entendit.

Cette neuvaine célébrée, il put marcher librement, sans se servir de ses béquilles qu'il laissa dans l'église de Notre-Dame à laquelle il fit présent d'un calice en argent et d'une statue en albâtre.

Etienne Faucon, apothicaire à La Verdière, ayant administré inutilement tous les remèdes que la science et l'expérience lui avaient fait connaître à sa fille Marthe, âgée de 7 à huit ans, atteinte depuis long-temps d'une maladie incurable, fit dire une messe à la chapelle de Notre-Dame de Santé à laquelle il vint assister avec grande dévotion. A son retour au village, ô merveille ! il trouva sa Marthe chérie complètement guérie. Marie, santé des malades, l'avait exaucé. Quelques jours après, il revint dans son sanctuaire pour la remercier. C'était en 1626.

Me Balthazard Poictevin, notaire royal à Pontevès, près Barjols (Var), pendant une partie de chasse, se fit à la jambe une blessure si profonde que les médecins et chirurgiens ne voyaient d'autre remède que l'amputation pour éviter l'apparition inévitable de la grangréne. Refusant de se soumettre à la décision des docteurs, il implora l'assistance de N. D. de Santé qui le guérit aussitôt. Quelques jours après il remerciait son insigne Bienfaitrice dans la chapelle de La Verdière.

Henri fils de François Poncin, de La Verdière, âgé de dix ans, tomba dans un ravin d'une profondeur de quatre cannes, où il se rompit le bras droit en trois parties, se fit une large blessure au menton, une autre au front et enfin une troisième à la joue. Le pauvre enfant était si meurtri que tout d'abord le médecin le crut mort. Resté deux jours sans connaissance, il fut voué par ses parents à Notre-Dame de Santé qui le guérit au grand étonnement des témoins de sa chute. La famille Poncin vint offrir l'hommage de sa vive gratitude à la Très Sainte Vierge dans sa chapelle pendant le mois de juin 1631. Le même Henri Poncin s'étant fait prêtre devint curé d'Allemagne, diocèse de Riez, aujourd'hui de Digne. Là une pierre de sept livres lui tomba sur la tête et le mit encore à deux doigts de sa perte. S'étant recommandé à Notre Dame de Santé, il fut guéri complètement après vingt jours de maladie. Au moment où le R. P. Gory trinitaire, prieur de Notre-Dame, mentionnait ces deux guérisons vraiment merveilleuses dans sa « Panacée mystique », le miraculé, M. l'abbé H. Poncin, était curé de La Verdière, son pays d'origine. 1655.

Jean Masse et Catherine Dubois, sa femme, domiciliés à Apt, voyant leur fils François Masse malade à toute extrémité le vouèrent à N. D. de Santé qui le guérit de suite radicalement. Pour accomplir leur vœu et témoigner leur reconnaissance à la Très Sainte Vierge qui leur avait conservé leur enfant, les heureux parents vinrent faire leurs dévotions et portèrent un ex-voto dans la chapelle de La Verdière, le 27 septembre 1627.

Philippe Jourdan, maréchal-ferrant de Saint-Julien-le-Montagnier, après six ans de cruelles souffrances qui ne lui permettaient pas de marcher sans l'aide de deux potences, vint se recommander au Salut des infirmes et prier dans sa chapelle de La Verdière le 25 mai 1628. Ses dévotions terminées, il se releva et marcha sans avoir besoin du secours de ses béquilles. La bonté et la puissance de Marie l'avaient sauvé !

Messire Jean Gayon, prêtre, docteur en théologie, protonotaire apostolique, domicilié à Tavernes, diocèse de Riez, aujourd'hui diocèse de Fréjus, avait été si fortement secoué et affaibli par la maladie qu'il ne traînait la vie que comme un écrasant fardeau. Plein d'amour pour la Vierge de Santé, il se recommanda à cette bonne Mère qui l'exauça aussitôt. Il se rendit sans retard au sanctuaire de La Verdière où il laissa un tableau proclamant sa reconnaissance pour la grâce de la santé que lui avait obtenue, du cœur de Dieu, Celle que l'on ne prie jamais en vain.

Capitaine Honoré Gasqui, de Cassis (B.-du-R.), atteint des fièvres dont aucun remède n'avait pu le guérir, eut la joie de recouver la santé dès qu'il se fut recommandé à Notre-Dame de Santé de la Verdière dans la chapelle de laquelle il vint bientôt dire merci à la Bonne Mère.

La R^{de} Mère Magdeleine de Contat, supérieure du monastère des Bénédictines de Saint-Zacharie (Var), fut guérie du choléra dès qu'une de ses religieuses, sœur Françoise Filleule, l'eut recommandée à N. D. de La Verdière où elle fit porter un tableau qui marque sa reconnaissance à la plus tendre de toutes les Mères.

Noble Magdelon de Vintimille, baron de Tourves et d'Ollioules, abandonné des médecins, obéissant à messire Christophe Rebuffat, prêtre, qui l'assistait pendant son agonie, se voua fort affectueusement et dévotement à Notre-Dame de Santé.

Un membre de sa noble famille fut immédiatement envoyé à la chapelle de La Verdière pour y prier Dieu et la Très Sainte Vierge à l'intention du malade arrivé à la dernière extrémité. Tout cela ne fut pas fait inutilement. Le malade ne tarda pas à être rendu à la santé et à venir remercier son insigne Bienfaitrice dans son sanctuaire. 1632.

Au mois de Novembre 1637, M. et Mme du Canet, d'Aix vinrent rendre grâces, dans la chapelle de La Verdière, pour la guérison de deux maladies très graves que l'un et l'autre avaient obtenue, après avoir invoqué Notre-Dame de Santé à laquelle ils offrirent comme témoignage de respectueuse gratitude une écharpe en taffetas violet entourée de dentelles d'or et d'argent.

Pendant la même année 1637, les gardiens de Notre-Dame de Santé virent arriver Mme de Falconis, de Brignoles, Jeanne Mayole, née à Saint-Maximin, et domiciliée à Brignoles, ainsi que Marguerite Rifausse, de Saint-Maximin, et M. l'abbé André Légier, prêtre de Brignoles, qui vinrent remercier la Très Sainte Vierge de les avoir guéris.

Le sieur Charles Peyrache, bourgeois de la ville des Mées, Basses-Alpes, empêché de marcher depuis un an et demi par une grave paralysie, après avoir usé inutilement des bains de Digne et de bien d'autres remèdes que les médecins lui avaient ordonnés, reçut, un jour, la visite de sa fille Jeanne, mariée à M. Antoine Gayon, notaire royal à Tavernes.

Très inquiétée par le mauvais état de santé de son

père chéri elle lui dit : « Père, je vous ai recommandé à Notre-Dame de Santé, cela vous fait-il
plaisir ?... » « Oui, répondit le paralytique, et de tout
cœur je supplie cette Bonne Mère de m'obtenir la
grâce de la guérison »

Les prières ferventes de ce père et de son enfant
ne tardèrent pas à être exaucées. Un peu moins
souffrant que de coutume, M. Ch. Peyrache, sur-
montant toutes les incommodités, les souffrances
d'un voyage assez long, se fit monter à cheval, le 13
mars 1639, et se rendit à La Verdière pour y prier
N. D. de Santé dans sa chapelle. Arrivé dans le lieu
béni où, des évènements extraordinaires qui se suc-
cédent sans interruption, révèlent la présence de la
Mère de Dieu y attirant les foules par les moyens
toujours ingénieux de sa puissance maternelle, le
malade refuse de descendre d'abord à l'hôtellerie,
comme on lui dit de faire. Toujours sur son cheval,
il va jusqu'à la porte de la chapelle dans laquelle il
se fait porter par des mains charitables. Après avoir
remercié Dieu et la Sainte Vierge de lui avoir permis de faire son pieux pèlerinage, il se retire sans
bâton et sans le secours de l'assistance dont il avait
eu besoin pour descendre de sa monture et parvenir
auprès de l'autel plus que jamais consolateur de la
meilleure de toutes les mères. Allant toujours de
mieux en mieux, M. Ch. Peyrache attesta sa complète guérison due à N. D. de Santé de La Verdière

dans un mémoire qu'il signa et remit ensuite au R.
Père Ignace Gory, pendant qu'il prêchait, en 1640,
les saints exercices de l'Avent dans la paroisse des
Mées habitée par le miraculé.

Dans le courant de la même année, Guillaume
Trouche, de la ville de Marseille, Jean Jaubert, tailleur, également de Marseille, Jean-Baptiste Estienne,
de Trets (B.-du.-R.), vinrent remercier Notre-Dame
de les avoir guéris d'une très grave maladie et lais-
sèrent tous un ex-voto dans son sanctuaire.

Toujours en 1640, le trois juin, Mme Malherbe,
femme du notaire royal de La Verdière, en revenant
de Saint-Julien-le-Montagnier tomba si malencon-
treusement de sa monture sur un tas de pierres du
bord de la route, qu'elle se brisa une côte. Dépourvue
de tout secours, en pleine colline, éloignée de toute
maison habitée, elle implora avec confiance la Vierge
de Santé qui vint de suite à son aide. Elle alla la
remercier quelques jours après dans son église
privilégiée du couvent.

Tandis qu'il travaillait à broyer de la poudre dans
un grand mortier où, à son insu, était tombé un tout
petit caillou, François Peyronneau eut ses habits
entièrement brûlés par l'explosion produite par le
frottement de la pierre et de la poudre. Ainsi entouré

de flammes, Peyronneau se recommanda à N. D. de Santé qui le préserva de la mort.

Fait vraiment remarquable, le livre des heures de Notre-Dame et le scapulaire de la Sainte-Trinité que le poudrier avait dans ses vêtements furent épargnés, tandis*que tout le reste fut calciné.

Pendant très longtemps un tableau appendu aux murs de la chapelle a rappelé aux pèlerins cette maternelle intervention de la Vierge très puissante et toujours bonne.

Le 27 octobre 1640, Pompée Lauger, de Manosque, et Christol Archimbauld, de Sainte-Tulle (Basses-Alpes), se trouvèrent simultanément aux pieds de N-D. de Santé qu'ils venaient remercier de les avoir guéris d'une très grave maladie.

Madame la Marquise de Gardes se rendit à pied pendant neuf jours du château de La Verdière à Notre-Dame, trajet de 5 kilomètres, pour assister à la neuvaine de messes qu'elle fit célébrer pour remercier la Très Sainte Vierge d'avoir guéri sa fille, Madame du Fort Elle fit don de plusieurs crédences, d'une chasuble et d'un devant d'autel.

Monseigneur Henry de Maynier, baron d'Oppède, président à mortier au Parlement de Provence, atteint d'une fièvre aussi dangereuse qu'opiniâtre, en

1640, se voua à N. D. de Santé et fut complètement guéri, à la fin de la neuvaine faite pour lui, par sa mère, Eymare de Castellane, veuve de Messire Vincens-Anne de Maynier, premier président au dit Parlement. Le miraculé ne passa jamais non loin de la chapelle de La Verdière, sans se détourner de sa route, pour aller renouveler, à Marie, sa vive et respectueuse gratitude.

Louis Arzanze, de Marseille, atteint depuis très longtemps d'épilepsie fut confié par ses parents au Père Prieur du couvent de La Verdière. Après s'être voué à la « Bonne Mère », Salut de tous les malades, il n'eut plus aucune des crises qui, avant son arrivée au couvent de Notre-Dame, le faisaient tomber très souvent dans la même journée.

L'authenticité des faits miraculeux que nous venons de citer est attestée par le certificat suivant que plusieurs vénérables ecclésiastiques, gentilshommes et autres personnes qualifiées, tous témoins oculaires des merveilles mentionnees dans l'ouvrage écrit par le R. P. Gory sur le sanctuaire de N. D. de Santé, délivrèrent dûment signé de tous, à l'occasion d'un voyage fait à Paris, par le savant religieux, en 1643.

Nous reproduisons ce document tel qu'il se trouve dans la « Panacée Mystique ». (1).

---

(1) P. Gory. *Panacée Mystique*, page 188.

« Nous soubsignez certifions en nos consciences à tous qu'il appartiendra, avoir été souvente fois faire nos dévotions en la chapelle nommée Notre-Dame-de-Santé au terroir de La Verdière, diocèse d'Aix, en la province de Provence, où nous avons vu de grands abords de peuples venir rendre des vœux pour des grâces qu'ils avaient receües de Dieu par l'intercession de la Saincte Vierge, et que la dite chapelle est remplie de tableaux qui représentent les dites faveurs, avec des escriteaux au-dessous qui les descrivent, d'où le Père Ignace Gory a tiré partie de celles que nous avons veu dans le livre qu'il prétend faire imprimer, et croyons qu'il n'en a point descrit la moitiè.

« En foy de quoi avós signé le présent certificat avec protestation de porter ce témoignage partout où bon fera, comme étant la chose très véritable.

« Fait en cette ville de Paris, au mois de janvier mille six cent quarante trois.

« Et sont signés à l'original.

« Le Chevalier DE LA FARE, Louis D'OPPÈDE. — BERTET, prieur. — L. ARBAUD. — Ph, ROMIEU. — Ph. Alexandre DE LEYMIE GFNETY. — Antoine PISCATORIS. — Ph. ORCEL. — Pierre PIECH. »

Aux merveilles que nous venons de citer, il nous est bien doux d'ajouter le récit de quelques faits miraculeux par lesquels N. D. de Santé a montré son amour pour ses fidèles enfants à l'occasion des pèlerinages faits à son sanctuaire depuis le rétablissement du culte en France.

En 1817, avec l'autorisation des Vicaires capitulaires d'Aix, conduite par son curé, M. l'Abbé François Raynaud, la paroisse de La Verdière se rendit auprès de la « Bonne Mére », disent les archives paroissiales, pour la supplier de faire cesser la sècheresse qui désolait la campagne. Marie ne résista pas à de si touchantes manifestations. Le jour même elle exauça les prières de ses enfants. Dès que la sainte messe célébrée en plein air, devant la statue vénérée, fut terminée, au moment où l'on chantait les prières liturgiquoo pour demander la pluie , des nuages parurent à l'horizon. La procession était encore à mi-chemin du village qu'une pluie douce et bienfaisante tombait sur les champs désséchés. Le lendemain, elle recommença à féconder les champs et à être le symbole des grâces qui avaient inondé les âmes pendant le pèlerinage. Forcément laissées dans une ferme voisine de la route « la Bouïmenque », les statues qui avaient figuré à la procession ne purent regagner l'église paroissiale que le surlendemain.

En 1825, une sècheresse persistante affligeant encore la contrée et, touché des maux qui menaçaient ses chers paroissiens, M. l'abbé F. Raynaud qui, un mois après, devait être nommé curé-doyen

de Barjols, alla célébrer une neuvaine de messes à
la chapelle de Notre-Dame pour obtenir du cœur
immaculé de Marie la fin du fléau dévastateur. C'était
à l'époque de la première communion. Les cinquante
enfants qui s'y préparaient accompagnèrent tous les
jours leur vénéré Pasteur au sanctuaire de Marie. Le
trajet du village à l'ermitage est assez long. Chemin
faisant la troupe enfantine chantait ce pieux refrain:

> Ségnour manda nous d'aïgo
> Qué n'avens ben besoun ;
> Mettren ginous en terro,
> Demandaren pardonn.

Le saint sacrifice de la messe offert, hélas ! pas
dans la chapelle devenue une bergerie, etc; mais
tout de même devant la statue de Notre-Dame, le
saint curé faisait réciter le chapelet à ses chers
agnelets. A la fin de cette neuvaine sanctifiée par la
priére et par la pénitence, le jour même de la première communion, 16 mai 1825, le ciel prodiguait ses
eaux bienfaisantes à la terre depuis si longtemps
aride et faisait ainsi renaître l'espérance et la joie
dans l'âme des bons cultivateurs de La Verdière.
Personne ne douta que cette nouvelle conservation
des biens de la terre ne fut due aux prières des petits
enfants; aussi lorsque M. le curé Raynaud et les
préférés de son cœur de prêtre allèrent remercier
Notre-Dame, tous les habitants s'unirent au gracieux
cortège.

Affirmés par les anciens du pays, conservés par
la tradition très sérieusement consultée par l'auteur

de cette monographie, ces faits merveilleux qui, depuis, se sont très souvent reproduits, sont d'une authenticité dont personne à La Verdière n'a jamais cru pouvoir douter.

Deux grâces signalées furent obtenues par la confiance en N. D. de Santé, en mai 1881.

Madame Augustine Arnaud, née Nicolas, modiste à La Verdière, ayant sa petite-fille, Juliette, âgée de dix-huit mois, atteinte d'une gastrite qui, de l'aveu des médecins, pouvait l'emporter à chaque instant, eut la bonne pensée de la recommander à N. D. de Santé.

Elle promit que, si son enfant guérissait, elle ferait célébrer une messe à la chapelle et placerait un ex-voto à côté de la statue miraculeuse. Dès le lendemain de cette promesse, un mieux très sensible se déclarait dans l'état de la malade qui, huit jours après, était complètement rétablie. La messe fut dite et l'ex-voto placé, le 24 septembre, en la fête de N. D. de la Merci.

Madame Camille Bérault, originaire de La Verdière et domiciliée à Valensole (Basses-Alpes), avait une petite-fille nommée Marie, âgée de dix mois réduite à toute extrémité par les fièvre typhoïdes. Comprenant qu'elle n'a plus rien à attendre du côté de la terre, cette mère désolée s'adressa avec confiance à la Vierge de Santé et fit vœu de faire célébrer une messe dans son sanctuaire à laquelle elle assisterait avec l'enfant dont elle demandait la guérison, et ajouta qu'elle broderait une pente pour l'autel de Notre-Dame, si elle était exaucée. La grâce sollicitée fut obtenue. Accompagnée de tous les parents qu'elle avait encore à La Verdière, l'heureuse mère alla assister à la messe d'action de grâces célébrée à son intention, le jour de la fête de la Nativité de la Sainte Vierge.

Louis Th. ..., à peine âgé de deux ans, fut griévement blessé à la tête par une branche qui se détacha inopinément d'un grand arbre. Voyant que malgré son amour et ses soins, l'état de son enfant était désespéré, Mme F. Th..... eut l'heureuse inspiration de demander qu'on célébrât une messe au sanctuaire de N. D. de Santé. O merveille ! Exactement le même jour le jeune blessé commença à aller mieux et se rétablit bientôt entièrement. Un superbe ex-voto en marbre placé à côté de la porte latérale de la chapelle, à l'entrée du sanctuaire continue encore, de nos jours, à chanter l'hymne de la reconnaissance de ce cœur de mère.

. Les plus anciens de La Verdière ont toujours entendu dire et se plaisent à affirmer que jamais la grêle, pas plus que les orages tonitruants si nombreux dans notre région, grâce au voisinage de la vallée de la Durance, n'ont produit aucun désastre dans le quartier protégé par le temple de Marie Immaculée. C'est un fait. Tant sur terre que sur mer, N-D. de Santé préserve des tempêtes. Nous allons le dire.

CHAPITRE QUATRIÈME

Notre-Dame de Santé préserve et sauve des tempêtes, des orages et des naufrages

Les nombreux ex-voto qui, jusqu'à la grande révolution, couvrirent littéralement les murs de notre vénérée chapelle, prouvent préremptoirement que toujours préservés du danger ont été ceux qui, pendant les orages et les tempêtes, se sont recommandés à la Madone de La Verdière.

Parmi les heureux miraculés de la Vierge de Santé qui, avec toutes les voix de la reconnaissance, chantent ces paroles si profondément vraies de S. Bernardin de Sienne

« *Maria portus periclitantium et navigantium*
« Marie salut de ceux qui périclitent en mer.

nous ne citerons, pour éviter toute longueur fatigante, que M. Barthélemy Gros.

Ce Monsieur, chirurgien au Val, alors du diocèse d'Aix, aujourd'hui du diocèse de Fréjus, voyant le bâteau qui, en février 1638, le ramenait du Levant sur le point de sombrer implora le secours de la Mère de Dieu sous le vocable de N. D. de Santé, lui promettant, si elle le sauvait du danger, de venir la remercier dans sa chapelle de La Verdière. Au même instant, la tempête cessa et un vent favorable permit au vaisseau d'arriver heureusement à Marseille.

N'oubliant pas sa promesse, M. B. Gros se rendit, dès qu'il le pût, à La Verdière pour y remercier sa céleste Bienfaitrice dans son temple privilégié auquel il fit présent d'une chasuble en taffetas rayé rouge et bleu et où il fit célébrer une neuvaine de messes d'action de grâces auxquelles il assista (1).

Le même miraculé ajoute, qu'ayant été conduit en captivité dans les prisons de Monaco par les Espagnols, après le siège des îles de Lérins où il pansait les soldats français blessés, il invoqua Notre-Dame que S. Bonaventure appelle si justement « la délivrance des prisonniers », et fut aussitôt remis en liberté.

Celà étant, il est bon d'obéir à l'incomparable docteur de l'Eglise, S. Bernard, qui après avoir été mille et mille fois secouru par la glorieuse Vierge Marie, nous exhorte, nous presse d'avoir recours à Elle dans toutes les nécessités de cette vie.

« Dans tous les dangers, nous dit ce grand saint, pensez à Marie, dans vos doutes, dans vos angoisses, invoquez-là ; qu'Elle soit toujours dans vos cœurs, dans vos conversations : imitez ses exemples et Elle vous protégera pendant toute votre vie. » (2)

------

(1) R. P. Gory, *Panacée Mystique*, chap. xi, page 101.
(2) D. Bernard. *Super Missus.*

Tour mystérieuse abondamment pourvue de para-
tonnerres, Notre-Dame de Santé préserve des orages
et des naufrages ; nous l'avons dit. Appuyés sur
l'expérience des siècles, instruits par l'histoire de
son sanctuaire, nous allons exposer comment sa
puissante protection a sauvé de la peste ses fidèles
enfants.

CHAPITRE CINQUIÈME

La dévotion à Notre-Dame de Santé préserve et guérit de la peste.

L'histoire nous l'enseigne. Les habitants de Thèbes ne parvinrent à éteindre le feu de leurs calamités que par les flammes de leurs sacrifices. De même à l'époque où la peste désolait toute la Provence — de 1630 à 1632 — un grand nombre de familles, de communautés et de personnes particulières ne furent préservées ou guéries de cette terrible maladie contagieuse qu'après s'être recommandées à N.-D. de Santé.

Comme preuves de la protection accordée aux pestiférés par la Vierge de La Verdière, nous aimons à citer quelques guérisons extraordinaires mentionnées dans les annales de notre sanctuaire par le R. P. Ignace Gory contemporain des miraculés (1).

Frappé et terrassé par la peste, M. Jean-François Roulier, prêtre vicaire de la paroisse de N.-D. des Accoules de Marseille, implora le secours de la Vierge de Santé qui lui obtint la grâce de la guérison. Plein de reconnaissance, il se rendit peu après

_____

(1) R. P. Gory, *Panacée Mystique*, Ch. x, page 93.

à la chapelle de La Verdière dans laquelle il laissa
un tableau où il était représenté à genoux aux pieds
de la Vierge, salut des infirmes. Au bas de cette toile
la gratitude avait écrit ces mots :

Amorbo pestis et epidemiœ liberatit me
beata Virgo Maria
in civitate Massiliœ, anno 1630

M. Laurent Gilles, écuyer à Marseille, voua sa
femme née Claire Durand, malade de la peste, à
N.-D. de Santé lui promettant, si elle l'exauçait, de
venir la remercier dans son sanctuaire de La Verdière de suite après la guérison de la personne
recommandée. Sa prière fut exaucée. Le 14 avril
suivant, 1632, M. Gilles accomplit son vœu et fit don
à Notre-Dame d'un vitrail pour l'œil-de-bœuf qui est
au-dessus de la porte principale de la chapelle, d'une
chasuble de velours, d'un voile de calice en satin
blanc et d'une bourse brodée.

La plupart de ceux que N. D. de Santé préservait
ou guérissait de la terrible maladie contagieuse
accomplissaient leur promesse en se rendant proces-
sionnellement à la chapelle de La Verdière avec tous
leurs concitoyens. Dès lors il devient très difficile,
pour ne pas dire impossible, dit *la Panacée Mystique*,
de nombrer les personnes particulières qui sont
venues remercier Notre Dame de les avoir protégées.

Pour la plus grande gloire de Jésus et de sa divine Mère, nous donnons une liste très résumée des paroisses qui, à l'occasion du fléau régional, vinrent en procession au sanctuaire de la Vierge de Santé·

M⁰ Mathieu Malherbe, notaire royal à La Verdière où sévissait la peste, voua la communauté à Notre-Dame. Délivrée du fléau dévastateur la population se rendit en foule, croix et bannières en tête au pied de l'autel toujours consolateur de la Vierge qu'on ne prie pas en vain. Ce pélerinage paroissial eut lieu en 1631.

Le 2 mai 1632, la confrérie des Pénitents blancs de Saint-Maximin (Var), suivie d'une multitude d'habitants de la ville magdaléenne, se rendit en procession à N. D. de Santé pour la remercier de l'avoir exaucée en la préservant de l'épidémie.

Le lendemain, pour le même motif, les paroisses de Valensoles, de Touars, de Villeneuves-les-Manosque, toutes des Basses-Alpes, arrivèrent aussi en procession à Notre-Dame où elles avaient été précédées par les paroissiens de Saint-Martin-de-Palières.

Quelques jours après, 31 mai, un grand nombre de fidèles de la paroisse de la Cadière, canton du Beausset, se rendirent à La Verdière pour remercier N-D. de Santé de les avoir préservés de la peste, malgré les rapports fréquents et inévitables qu'ils avaient eus avec les habitants d'une localité de leur voisinage très éprouvée par le fléau. Ce pèlerinage était composé de plus de 600 personnes, d'après les archives de la chapelle. La Cadière offrit, comme ex-voto, une chasuble de damas blanc sur laquelle ses armes avaient été brodées. Le même jour, les paroisses de Varages et d'Esparron-de-Palières vinrent aussi en procession remercier Notre-Dame de les avoir sauvées.

Le 3 juin 1632, la paroisse de Ginasservis, et le 6 juin de la même année, celle d'Esparron-de-Verdon s'y rendirent dans le même but.

Pendant les fêtes de la Pentecôte et de la Trinité de l'année 1641, les paroisses de Rians, de La Verdière, de Varages et d'Esparron-de-Palières vinrent en procession au sanctuaire aimé de Marie pour y chanter le joyeux Magnificat.

De nombreuses processions se trouvant simultanément dans la chapelle et, d'autre part, les chapelains étant toujours très occupés à entendre les confessions, il a été impossible, affirme le R. P. Gory, de les inscrire toutes dans les registres tenus soigneusement à la sacristie du pèlerinage.

Ces documents si authentiques, si sûrs, que l'amabilité sans égale de Madame la Marquise de Forbin d'Oppède nous a permis de trouver dans *la Panacée Mystique* que possèdent les archives de son château de La Verdière, établissent jusqu'à l'évidence qu'en invoquant avec confiance la Très Sainte Vierge dans notre sanctuaire où depuis des siècles et des siècles, elle se plaît à être vénérée, on est sûr d'être guéris radicalement de toute infirmité tant spirituelle que corporelle.

« Quand un homme, écrit le T. R. Père Baffie, ancien supérieur du Grand Séminaire de Fréjus, aujourd'hui, assistant du Supérieur Général des Oblats de Marie Immaculée, quand un homme éprouve un affaiblissement graduel de forces, il sort du milieu où il a jusqu'alors vécu, et va demander à un autre climat la santé et la vie. Il cherche au loin une température plus clémente, un air plus pur, des eaux qui possèdent une vertu vivificatrice ; en un mot, toute une réunion d'éléments nouveaux qui répareront les brèches faites à sa constitution.

« Pareillement, si un chrétien se sent atteint de quelque infirmité morale, qu'il aille demander la santé de l'âme à l'un de ces lieux de dévotion tout imprégnés de vertu et de sainteté que Dieu a créés sur notre terre. Là, tout son être moral se retrempera aux sources vives de la Foi, et après avoir achevé ce traitement spirituel, il s'en retournera soulagé et comme refait. De même que Dieu a multiplié, dans l'ordre matériel, les eaux minérales et thermales, ainsi il a échelonné, de distance en distance, ces stations de la Foi, où sa grâce opère avec plus de force et d'efficacité. Remettre ces sanctuaires en honneur, c'est donc rouvrir autant de sources de piété, dont quelques unes ont pu disparaître comme ensablées par le temps, mais qu'il suffit de déblayer pour les trouver aussi pures et aussi abondantes que dans le passé. » (1)

C'est notre conviction. Croyant, comme les saints, que les lieux sanctifiés par Marie conservent eternellement l'empreinte des merveilles dont ils ont été le théâtre, en écrivant cette modeste monographie, notre unique but a été de ramener à notre sanctuaire séculaire avec les manifestations de la ferme confiance des populations, celles de la puissance et de la bonté de Dieu.

----

(1) R. P. Baffie, *Esprit et Vertus de Mgr de Mazenod*, chap. viii, page 197.

Notre-Dame de Santé. — Vue du Sanctuaire

CHAPITRE SIXIÈME

**Indulgences concédées par le Souverain Pontife
et par sa Grandeur Monseigneur Guillibert, évêque
de Fréjus et Toulon
à la visite de la chapelle de La Verdière
dédiée à Notre-Dame de Santé.**

Dans sa bulle du 2 mai 1642, N. S. P. le Pape Urbain VIII accorda aux conditions ordinaires (confession - communion - prière pour la paix , la concorde entre les princes chrétiens, l'extirpation des hérésies, l'exaltation de notre sainte Mère l'Eglise)

1° Une indulgence plénière à tous ceux qui le second dimanche d'octobre visiteraient la chapelle consacrée à N. D. de Santé ;

2° Une indulgence de 7 ans et 7 quarantaines (toties quoties) aux associés de la Confrérie de N. D. de Santé qui, confessés et communiés visiteraient la dite chapelle aux fêtes de la Nativité, de l'Annonciation, de la Purification et de l'Assomption de la Sainte Vierge ;

3° La rémission de soixante jours de pénitence à eux enjointe en la forme de l'Eglise, toutes les fois que les dits Confrères assisteraient aux messes célébrées dans cette chapelle.

Le 24 octobre 1915, Sa Grandeur Monseigneur
Félix Guillibert a accordé 50 jours d'indulgence
à toute visite pieuse au Sanctuaire de Notre-Dame
de Santé.

CHAPITRE SEPTIÈME

Bouquet spirituel offert à N. D. de Santé
ou Neuvaine à l'honneur de cette bonne Mère

Au lecteur renseigné sur l'origine et les merveilles du sanctuaire de Notre-Dame de La Verdière nous présentons les pieux exercices d'une neuvaine à la Vierge de Santé.

Copie toujours parfaite et fidèle du divin Sauveur auquel il faut ressembler pour être, un jour, du nombre des élus, Marie Immaculée, pendant toute sa vie terrestre a donné l'exemple de toutes les vertus.

Dans la solitude toujours si attrayante, si délicieuse du cœur très pur de la Mère très chaste, méditons celles qui sont le plus nécessaires et qui intéressent tous les chrétiens.

Afin de rendre vos incomparables vertus plus touchantes et de leur susciter de nombreux imitateurs, permettez-moi, ô Marie, de faire entrer vos sentiments et votre esprit dans les courtes considérations et les prières disposees pour chaque jour de cette neuvaine.

Premier jour

Foi de la Très Sainte Vierge

l a foi occupe le premier rang parmi les vertus théologales. Elle fait percevoir par l'intelligence les vérités révélées par Dieu, enseignées par l'Eglîse, et incline la volonté à y adhérer fermement. La foi, continue le Concile de Trente, est l'indispensable fondement de l'édifice spirituel de notre perfection, la merveilleuse racine de laquelle toutes les autres vertus reçoivent le suc qui leur permet de s'épanouir en fleurs et en fruits de salut. La foi, dit St-Augustin, principe de notre salut, peut seule nous obtenir, en ce monde, le pardon de nos péchés, et dans l'autre l'éternelle félicité. Voilà pourquoi continue St-Jean : « Seront sauvés ceux qui croient en Jésus-Christ ; ne pas croire au Fils de Dieu fait homme, c'est être déjà condamné ». Encore plus explicite que ces disciples, Notre Seigneur affirme dans le S. Evangile que celui qui écoute sa parole et croit en Celui qui l'a envoyé possède la vie éternelle.

Cette foi invincible dont la Vierge Marie nous donne un si bel exemple à Nazareth, à Bethléem, sur le chemin de l'exil, au Calvaire près de la croix de Jésus son divin fils, demandons-la tous les jours au

Sacré-Cœur par l'intercession de Notre-Dame de Santé. Elle nous l'obtiendra et nous serons sauvés.

PRIÈRE

O N. D. de Santé, défendez-nous contre les attaques de l'enfer, contre les paroles des impies, contre les livres et journaux qui insultent et calomnient notre foi par leurs blasphèmes, leurs sophismes, leurs mensonges. Préservez-nous a tout jamais de la compagnie de ceux qui vivent mal et faites-nous la grâce de vivre toujours selon la doctrine sainte que notre assistance régulière à la prédication de la divine parole nous aura permis de connaître.

(3 Ave Maria)

Notre-Dame de Santé, priez pour nous.

⁎

Deuxième jour

Espérance de Notre-Dame

L'espérance est l'âme de la vie humaine. Si le soleil refusait ses rayons à notre terre, que deviendrions-nous? Et cependant, nous vivrions plutôt sans soleil que sans espérance. (1) « L'espérance est notre besoin le plus profond, le plus impérieux, le plus constant, le plus universel. Où elle naît, tout s'anime ; où elle persiste, tout se maintient ; où elle languit, tout s'affaisse ; où elle meurt, tout se glace et s'arrête (2). »

Marie, on l'a dit, a pratiqué l'espérance à un degré héroïque. Ne mettant sa confiance qu'en Dieu seul, c'est Lui seul qu'elle a reconnu pour son plus ferme appui, à l'aide duquel elle a pu prendre son essor et parvenir au sommet de la sainteté.

A l'exemple de celle de Marie, qu'extrême soit notre humilité, mais qu'entière aussi soit notre confiance dans le cœur de Jésus-Christ.

PRIÈRE

O Notre-Dame de Santé, après Jésus vous êtes notre unique espérance. Aucun de ceux qui ont eu confiance en vous n'a été abandonné, ceux qui vous ont invoquée ont toujours été exaucés, ne se sont jamais perdus. Mère bénie entre toutes les mères, permettez-nous de nous appuyer sur votre cœur si bon et notre âme sera toujours inondée de délices.

(3 Ave Maria)

Notre-Dame de Santé, priez pour nous.

------

(1) R. P. Baffie : *Esprit et Vertus de Mgr de Mazenod,* ch. 3, p. 63.

(2) Mgr Gay : *De l'Espérance Chrétienne.*

* *
*

Troisième jour

Charité de la Vierge Marie

Des trois vertus théologales la plus parfaite est la charité par laquelle nous aimons Dieu par dessus toutes choses et notre prochain comme nous-mêmes pour l'amour de Dieu. La charité est la conséquence de l'état de grâce ; elle est répandue du ciel dans nos cœurs par l'acte même par lequel l'Eglise prend possession de nos âmes. Mère de la divine Grâce, épouse du Saint-Esprit, la Vierge Marie a eu pour Dieu une charité sans limites et sans mesure.

Elle a, dit Suarez, passé sa vie dans la pratique continuelle de l'amour de Dieu, qu'elle unissait, ajoute St-Pierre Damien, avec les œuvres extérieures. Elle aimait son prochain, parce qu'elle aimait Dieu : elle le voyait en Lui, et c'est ce sentiment qui, porté jusqu'à la sublimité, lui fait, au pied de la croix, accepter la mort de son divin Fils pour le salut du genre humain.

« Je vous dis et je vous répète, s'écrie Bossuet, que nous sommes indispensablement obligés de tendre à la perfection de la charité, selon la mesure qui nous en est donnée ; sans quoi nous ne sommes pas chrétiens. » Supplions donc notre bonne Mère du ciel de dilater notre charité qui seule peut nous sanctifier et opérer les grandes œuvres d'où résultent avec abondance la gloire de Dieu, le salut des âmes, et notre salut à nous-mêmes.

PRIÈRE

O Notre-Dame, faites que je ne vive que de votre amour et de celui de mon Dieu, afin que je puisse en être consumé ici-bas et dans le ciel. *(Saint-Anselme, ar. 51).*

(3 Ave Maria)

Notre-Dame de Santé, priez pour nous.

.

Quatrième jour

Profonde humilité de Notre-Dame

L'humilité est la base de l'édifice spirituel.

Elle assure contre l'orgueil la stabilité dans le bien, la persévérance dans la vertu. La Très Sainte Vierge a pratiqué cette vertu avec une perfection que nous ne saurions trop admirer et que nous devons nous efforcer de retracer en nous-mêmes.

Elle surpassait, dit un docte et pieux auteur, « toutes les créatures, même angéliques, par l'excellence de sa dignité, et elle était la plus petite, la plus humble des enfants de Dieu par la profondeur de ses abaissements : pourquoi ? Parce que, parfaitement éclairée sur son indigence comme créature, elle se sentait toute pénétrée de confusion en voyant qu'elle avait été choisie pour être la mère du divin Rédempteur. La mesure de son élévation était la mesure de son humilité (1) ».

Fermement convaincus de la nécessité, de l'excellence et des salutaires effets de l'humilité, vertu royale à laquelle Dieu donne toujours sa grâce, supplions Marie de nous permettre de l'affermir en nous par la pratique assidue et généreuse des actes qu'elle réclame.

PRIÈRE

Auguste Reine des cieux, en vertu de votre qualité de Mère de Dieu, vous pouvez commander aux puissances de l'enfer ; ordonnez, nous vous en supplions, aux démons de ne point nous nuire, invitez les anges à nous protéger et à nous préserver de tout mal et de tout danger. *(S. Bonaventure).*

(3 Ave Maria)

Notre-Dame de Santé, priez pour nous.

---

(1) Abbé Dubois. — *Le saint prêtre.*

∗

Cinquième jour

Douceur de Notre-Dame

Notre Seigneur qui a recommandé toutes les vertus et qui a voulu nous les inculquer toutes par sa doctrine et par ses exemples, s'est réservé à lui-même l'enseignement de la douceur (1).

« Apprenez de moi, dit-il, que je suis doux. O mon sauveur, s'écrie à ce sujet St-Vincent de Paul, quelle parole ! mais quel bonheur d'être vos écoliers et d'apprendre cette leçon si courte st si excellente qu'elle nous rend tels que vous êtes ! »

Si Jésus a été le plus doux des hommes, il était réservé à la Très Sainte Vierge d'être la plus douce, la plus aimable entre toutes les femmes. Elle ne se départit jamais de ces admirables sentiments de mansuétude qui lui ont conquis tous les cœurs. Elle a réalisé pleinement cette parole de Jésus son divin Fils : Bienheureux ceux qui sont doux, ils posséderont la terre, c'est-à-dire y exerceront une grande influence et disposeront des cœurs des hommes (2).

(1) L'Abbé Dubois, *Le saint prêtre.*
(2) De Gentelles, *Marie au temple de Jérusalem.* ch. xii, p. 119

Supplions, Notre-Dame, de nous obtenir la grâce de la douceur qui rendra notre cœur plus semblable à celui de Jésus qui est la douceur même.

PRIERE

O divine Marie, mon unique Souveraine, et, après Dieu, ma véritable consolation en ce monde, vous êtes cette céleste rosée qui seule adoucit mes peines, vous êtes cette lumière qui éclaire les ténèbres dont mon âme est entourée, vous êtes mon guide dans mes ascensions, ma force dans mes faiblesses, mon trésor dans ma pauvreté, ma consolation dans mes larmes, mon refuge dans mes misères, et l'espérance de mon salut ; ô Marie, ayez pitié de moi ; vous êtes la Mère de Dieu, obtenez-moi, je vous en conjure, ce que je vous demande, rendez-moi digne de posséder, un jour, le bonheur dont vous jouissez dans le ciel.

(*S. Germain*, de Constantinople).

(3 Ave Maria)

Notre-Dame de Santé, priez pour nous.

Sixième jour

Obéissance de Notre-Dame

Lorsque Dieu fait entendre sa voix, dit St-Augustin, il faut obéir et non raisonner. La Très Sainte Vierge a toujours agi ainsi, voilà pourquoi son obéissance fut parfaite. Jamais, s'écrie St-Bernard, il n'y eut en elle, ni retard, ni obstacle pour accomplir la volonté divine. Sachant que Dieu veut être servi avec grand cœur, avec une volonté simple, et non avec un cœur replié sur lui-même, ou cette volonté ombrageuse qui frémit à la volonté du ciel quand elle lui est opposée, demandons, par Marie Immaculée, la grâce de ne jamais froncer le sourcil, ni murmurer quand il s'agira de nous soumettre à la volonté de Dieu.

PRIÈRE

O Notre-Dame de Santé, venez à notre secours, ayez pitié de notre faiblesse, parlez pour nous à notre doux Sauveur : qui peut mieux le faire que vous ? N'avez-vous pas joui intimement de ses entretiens sur la terre, et maintenant, ne le possédez-vous pas pleinement dans le Ciel ? Parlez à Jésus pour nous et, de son cœur divin, obtenez-nous la grâce d'obéir promptement à ses commandements, de persévérer dans sa sainte grâce et de mourir dans son amitié, afin de vous voir et de vous bénir avec Lui dans le ciel. *(S. Bernard)*

(3 Ave Maria)

Notre-Dame de Santé, priez pour nous.

* * *

Septième jour

Souffrances de Notre-Dame

La souffrance est l'expiation sacrée qui parachève en nous l'œuvre du Christ, purifie notre âme, en élimine les éléments morbides, en dissipe les souillures et la transforme en une image de la divinité.

Celà étant, pourquoi Notre Seigneur a-t-il permis que sa Mère Immaculée partageât son calice d'amertume et eût son cœur très pur transpercé par un glaive de douleur ? C'est pour lui permettre de mériter une gloire plus grande par cette parfaite conformité avec Lui.

Rien de meilleur que la souffrance pour permettre à notre cœur de devenir semblable à celui de Jésus-Christ.

Comme elle le fut pour Notre-Dame, que la souffrance soit pour nous une source intarissable de mérites, une mine d'or d'où nous extrayons avec un dur labeur des trésors immortels. Ces mérites constituent, avec les promesses du Sauveur, le fond même de notre espérance : ils sont la monnaie du ciel, les pierreries de notre couronne, le gage de notre félicité.

PRIÈRE

Notre-Dame de Santé, ô Mère désolée, je ne veux pas vous laisser pleurer seule au pied de la Croix. Obtenez-moi, je vous prie, un souvenir continuel et tendre de la passion de Jésus et de vos douleurs, afin que tous les jours qui me restent à vivre soient employés à pleurer mes péchés.

(S. Alphonse de Liguori)

(3 Ave Maria)

Notre-Dame de Santé, priez pour nous.

*
* *

Huitième jour

Pureté sans égale de Notre-Dame

Marie, dit St-Liguori, a eu la gloire d'inaugurer sur la terre le règne de la virginité. De toute sa personne s'exhale un grand parfum de pureté. Son amour pour l'aimable et sainte vertu fut tel, qu'elle la préféra à l'incomparable honneur de la maternité divine.

Prions pour que, par la mortification, la fuite des occasions, et surtout par la prière à Marie, nous soyons toujours purs de cœur et chastes de corps.

PRIERE

O Notre-Dame de Santé, l'univers entier honore votre cœur immaculé, comme le véritable temple de Dieu, où le salut du monde a commencé, où s'est faite la réconciliation entre Dieu et l'homme ; vous êtes ce verger où le péché n'a pu pénétrer pour le dévaster ; vous êtes ce beau jardin où Dieu a mis toutes les belles fleurs qui ornent son Eglise. O Mère de bonté daignez agréer nos vœux et les combler. Préservés de toute souillure sur la terre, puissions-nous, grâce à votre maternelle protection, être introduits, un jour, dans l'éternelle cité où rien de souillé ne peut entrer. *(S. Bernard).*

(3 Ave Maria)
Notre-Dame de Santé, priez pour nous.

* *
*

Neuvième jour

Sainteté consommée de Notre-Dame

La sainteté consiste dans l'immunité du péché et dans la possession de la vertu. « Or, dit St-Thomas d'Aquin, pour atteindre « cette double fin, la bienheureuse Vierge Marie eut une grâce très parfaite ». En effet, elle évita tout péché plus qu'aucun autre saint, après le Christ ; pareillement, elle pratiqua toutes les œuvres des vertus, tandis que les autres saints n'en ont pratiqué que quelques unes. »

Qui pourra comprendre et encore moins expliquer son admirable candeur, affirme St-Jean Damascène, puisque sa pureté laisse les anges eux-mêmes bien derrière elle. Cette pureté sans tache était accompagnée du cortège de toutes les vertus.

Objet de toutes les complaisances célestes, comblée de bénédictions, l'âme de la Vierge très pure, dit St-Jean Damascène, fut un abîme de grâces sous l'impulsion desquelles elle pratiqua des actes d'une vertu vraiment héroïque.

Avec le ciel, saluons-la pleine de grâce, Notre-Dame ; appelons-la, avec St-Anselme « le sanctuaire de toutes les vertus » ; avec St-Pierre Chrysologue « le Collège de la sainteté » ; avec St-Jean Damascène « l'abîme des miracles » ; avec St-André de Crète « la plus sainte des saints, le trésor de la sainteté la plus sublime ».

PRIERE

Notre-Dame de Santé, Vierge comblée de bénédictions ! Vous êtes la Mère de Dieu, la Reine de l'univers, la Distributrice de toutes les grâces ; en vous est renfermée la grandeur incompréhensible de toutes les vertus, de tous les dons du Très-Haut ; vous êtes le temple de Dieu, le paradis des délices, le modèle de tous les justes, la consolation de ceux qui vous aiment et vous invoquent, la source de notre salut, la porte du ciel, la joie des élus : nous ne faisons que bégayer en célébrant vos louanges ; daignez suppléer à notre faiblesse, afin que nous puissions vous louer dignement dans les siècles des siècles. (*S. Bernardin de Sienne*),

(3 Ave Maria)

Notre-Dame de Santé, priez pour nous.

Prière à Notre-Dame de Santé

O Marie, Vierge très sainte, pure, immaculée, vous qui êtes la Mère de Dieu, le secours des chrétiens, le salut des infirmes, la consolation des affligés, laissez-nous vous invoquer sous le titre spécial, si touchant et si doux de Notre-Dame de Santé ; laissez-nous vous répéter ce nom béni tant de fois chanté par nos pères au pied de l'antique statue qui domine nos champs et nos vallons !

Les années s'écoulent, les siècles s'enfuient, et vous demeurez-là, Vierge très chaste, immuable, toujours fidèle, pour receuillir, Rose mystique, en votre pur calice, les larmes qui jaillissent à flots, icibas, de tant de cœurs brisés. Sous vos regards, Vierge puissante, les malades guérissent, les fléaux disparaissent, les tempêtes, les orages violents s'apaisent, les naufrages sont évités, les troubles sont dissipés.

O Notre-Dame de Santé, n'êtes-vous pas notre consolation dans les épreuves, notre force dans nos faiblesses, notre refuge dans toutes nos difficultés ?

C'est vous qui nous encouragez à souffrir, vous qui nous apprenez à connaître, à aimer Jésus, votre Fils adoré, vous qui guidez nos pas vers l'éternel bonheur.

Vierge Marie, vous pouvez guérir tous nos maux ! Que votre protection, douce reine des cieux et de nos cœurs, enveloppe nos âmes les gardant à Jésus loin du mal, du péché.

Mère bénie entre toutes les mères ! Vous êtes toute miséricorde, et quand nous ne pouvons échapper à la justice divine, Toute-Puissance suppliante vous nous prouvez que, devenue reine des cieux, vous restez toujours notre Mère.

Notre-Dame de Santé, Vierge chère à nos cœurs, nous souvenant des trésors de grâces que vous nous avez prodigués et des bienfaits sans nombre que relatent notre histoire et nos traditions saintes, nous vous supplions de continuer à être la protectrice spéciale et perpétuelle de la paroisse de La Verdière et d'en bénir à jamais les pasteurs, ainsi que chacune des âmes qui leur sont confiées.

Voyez-nous à vos pieds, ô Mère toujours compatissante ! Nous nous réfugions dans votre cœur si bon, y renfermant nos désirs, nos peines, nos tristesses, nos espérances, nos joies, implorant, par votre intercession, le cœur sacré de Jésus-Christ.

Notre-Dame de Santé, sauvez la France ! Sauvez-nous ! Secourez-nous dans le malheur, relevez-nous

dans le découragement, consolez-nous dans l'afflic-
tion ! Que tous ceux qui implorent votre sainte et
puissante protection chantent, un jour, dans le ciel,
les miséricordes du Seigneur !

Ainsi-soit-il.

R^{de} Mère M. A^{tte} de Jésus, prieure. C. i

Approuvé par Nous Evêque de Fréjus.
Nous accordons 50 jours d'indulgence
à la récitation de cette prière.

*La Verdière, en cours de tournée pastorale,
le 18 mai 1915, en la fête de Saint-Félix
de Cantalice.*

† FÉLIX, *Evêque de Fréjus.*

PRIÈRE

RÉCITÉE TOUS LES JOURS DANS LE SANCTUAIRE

DE

NOTRE-DAME DE SANTÉ

pendant que les RR. PP. Trinitaires en étaient les gardiens

Ô Notre-Dame de Santé, Paradis de douceur, Ciel de miséricorde, je me sens vraiment incapable de vous exprimer la ferveur de mon âme et la reconnaissance de mon cœur.

Pendant que seul mon silence vous parle, que seule mon humilité vous remercie, ô Mère ! jugez de mes paroles par l'affection de mon cœur et non de mon cœur par la faiblesse de mes paroles.

Je vous choisis, aujourd'hui, pour ma très spéciale Protectrice et me propose plus que jamais de vous servir, pendant toute ma vie, le plus fidèlement possible, après Jésus votre divin Fils.

J'en fais le serment, je ne supporterai jamais que ma dévotion et ma confiance en vous s'éteignent dans mon âme ; je veux, au contraire, que le temps les enflamme toujours davantage. Daignez agréer l'hommage de tous les jours de mon existence, de tous les battements, de toutes les affections de mon cœur, de toutes les pensées de mon esprit, de toutes mes paroles, de toutes mes actions.

O Mère de mon Juge, puissante Médiatrice de mon salut, daignez les accepter comme un sacrifice d'agréable odeur que je vous offre sur l'autel de mon cœur. Abrité sous le manteau de votre protection, que puis-je craindre ? Que peut-il m'arriver de funeste ?...

De même que par ses rayons bienfaisants, le soleil permet à l'aubépine de verser sur le gazon printanier la neige de ses fleurs ; de même, ô Notre-Dame de Santé, si vous jetez les yeux sur mes misères, mon infortune, mes maladies, vous les rendrez non seulement plus supportables, mais méritoires et m'en délivrerez, si tel est le bon plaisir de Dieu.

Si les souffrances physiques ou morales me sont envoyées pour me permettre de procurer à Dieu une plus grande gloire, non seulement, je ne veux pas en être délivré, mais je désire, au contraire, qu'elles augmentent, qu'elles redoublent, pourvu que vous m'obteniez la patience pour les supporter avec un grand esprit de foi.

Par la grâce que vous avez trouvée auprès de Dieu, par les prérogatives dont le Tout-Puissant vous a enrichie et par la miséricorde que vous avez obtenue aux âmes en devenant l'aube resplendissante du jour de leur rédemption, faites, ô Notre-Dame, que Jésus devenu, par vous, participant de notre nature, me rende, un jour, participant de la gloire et du bonheur du ciel.

Ainsi-soit-il.

Approuvé par Nous, Évêque de Fréjus. Nous accordons 50 jours d'indulgence pour toute récitation de cette prière et 50 jours à toute visite pieuse faite au sanctuaire de Notre-Dame de Santé.

Fréjus, 24 octobre 1915
† FÉLIX, *Evêque de Fréjus.*

CHAPITRE HUITIÈME

CANTIQUES A NOTRE-DAME DE SANTÉ

Choix de Cantiques populaires et traditionnels
chantés par les pélerins de N.-D. de Santé

Nouesto-Damo dé Santa

L'aoubo just s'est espandido
Sus lei coualo, dins lou plan,
Et déjà, troupo choüsido,
Dins ta capello arrivan.

Refrin

La Verdiero,
Tout'entièro,
Dé tei bounta ;
N°-Damo dé Santa,
Ven ti ben remercia.

L'amour, la recounouissenço,
Nouesto-Damo dé Santa,
Coundouisoun vieïl et jouvenço
Oou ped dé tei sans oouta.

Nous an di, Immaculado
Qué dins lei siéclés ancien,
Sus lei villo et lei bourgado
Estendiès tà proutectien.

Ooupéravès dé miraclé,
Counsoulavés l'afflijà,
Garrissiès, hurous spectaclé !
Lou malaou désespéra.

Lou marin dins la tourmento
Implouravo toun secours,
Et tu, Mèro benvoulento,
Ta man li porgiès toujours.

Teis enfants saboun qué, aro
Coumo dins lou tems passa,
Ta puissanço poou encaro
Cé qué poudié : lei saouva.

Bénis dounc nouasté villagé,
Soun terroir, seis habitan,
Gardo nous dé tout oouragé
Et vendren toutei leis an.

Aguès ooussi souvenenço

Dé touteis leis enviroun,
Puei un regard sus la Franço ;
Ai las qué n'a ben bésoun.

Alor, Viergé ta Capello,
Touto garnido dé flour,
Sera toujours maï que bello,
Qu l'ournara ? Nouast'amour.

Toutei li vendren, Mario,
En cuer ti vendren canta
« L'a saouvado la Patrio
Nouasto-Damo dé Santa. »

.La Verdièro
Tout entièro
Dé tei bounta
N°-Damo de Santa
Ven ti ben remercia.

Abbé Elie BURLE.

Entends, Vierge sainte, ce Cri

Refrain

Reine des cieux, Vierge pure et féconde
Bénis le sol qu'arrosent nos sueurs,

Nous t'en prions, en ce bas monde
Soutiens nos bras, garde nos cœurs.

Entends, Vierge sainte, ce cri,
C'est la voix d'un peuple qui t'aime,
Toujours fidèle à son baptême
Qu'il reste ton peuple chéri.

Bénis l'olivier dans nos champs,
Lui seul au pied du sanctuaire
Fournit à Dieu cette lumière
Qui prie au nom de tes enfants.

Jésus sur le point de mourir,
A son pied fit couler ses larmes,
Son sang divin ! Vaines alarmes,
Non, l'olivier ne peut périr.

Et puisque le sang de Jésus
Doit couler toujours sur la terre,
Bénis la vigne, ô tendre mère,
Que Dieu ne la reprenne plus !

Son vin que nous te consacrons
Dans un immortel sacrifice,
Désarme toujours la justice
Du Dieu vainqueur que nous prions.

Des grains fais sortir les épis,
Que le blé tous les ans mûrisse !
Le pain nous rend le ciel propice .

Quand il devient le corps du Christ.

Enfin, les arbres et les fleurs
Et les fruits que donne la terre
Conserves-les-nous, Bonne Mère !
Et que ta main sèche nos pleurs.

Abbé L. SERRADELL.

Parle à nos Cœurs !

Mère à tes pieds vois ton peuple fidèle,
Tes chers enfants ramenés par l'amour !
Nous revenons saluer ta chapelle
Car c'est le ciel, puisque c'est ton séjour.

Refrain

Parle à nos cœurs, que faut il pour te plaire ?
Nous sommes prêts, compte sur tes enfants !
Prêtez l'oreille, Anges du sanctuaire
Plutôt mourir que trahir nos serments.

Le France est là, suppliante et meurtrie,
Qui tend vers toi ses défaillantes mains ;
Nous t'en prions, sauve notre patrie ;
Ah ! Sauve-nous, sauve tes pélerins !

Oui, nos forfaits ont lassé ta clémence ;
Nous le savons, oui, nous avons péché ;
Vois nos douleurs, et montre ta puissance ;
Parle pour nous, et Dieu sera touché !

Si le délire a troublé notre France,
Sonde son cœur, ô Mère, il bat pour toi ;
Loin de tes fils, bannis l'indifférence ;
Rends-nous l'amour ! C'est nous rendre la foi !

Il faut partir, ô Mère : ton image,
Ton souvenir fera notre bonheur ;
Bénis encore notre Pèlerinage,
Nous reviendrons avec le Sacré-Cœur !

O Vous, dont l'empire

Refrain

O vous, dont l'empire est si doux,
Reine du ciel et de la terre !
Nous accourons près de vous,
Pour prier à vos genoux
Bonne Mère, bonne Mère,
En ce jour exaucez-nous.

Vierge, vous êtes notre Dame,

Notre égide, notre secours :
Qu'on vous acclame,
Et qu'on proclame
Que sur les cœurs vous règnerez toujours.

Consolez-nous dans la tristesse,
Réchauffez-nous dans la tiédeur :
Qu'à la faiblesse
Votre tendresse
Rende la force, et la vie, et l'ardeur.

Daignez bénir notre patrie,
Dans son deuil et dans sa douleur :
Tendre Marie,
Elle vous prie :
Par la vertu relevez son honneur !

Cœur de Jésus, Cœur de Marie,
Cœurs divins embrasés d'amour,
Quand notre vie
Sera finie,
Recevez-nous dans l'éternel séjour !

Sous ta bannière triomphante

Refrain

Sous ta bannière triomphante,
Nous combattrons et nous vaincrons !
Et guidés par ta main puissante,
Au ciel nous marcherons *(bis)*

Reine des saints, le monde nous appelle :
Pour de nouveaux combats sa main vient nous saisir !
L'heure est venue, où l'âme qui chancelle,
Entre le ciel et l'enfer doit choisir.

Ils ne sont plus, les jours de foi craintive :
Il faut abandonner les rêves de la paix !
De toutes parts, un cri de guerre arrive :
L'horizon luit de sinistres reflets !

Entendez-vous monter cette menace,
Blasphème recouvert du nom de liberté ?
« Du Christ vieilli que le règne s'efface !
« Brisons son joug trop longtemps respecté ! »

Vierge puissante, au sein de nos alarmes,
Quel bras affirmera nos timides vertus ?
Ah ! c'est le tien ! Il brisera les armes
De nos tyrans, à tes pieds abattus.

Oui ton doux nom sera notre espérance
Tristes, mais confiants, nous venons dans tes bras
O Mère écoute et protège la France !
Elle est ta fille, elle ne mourra pas.

Notre-Dame de la Verdière

Refrain

Notre-Dame de la Verdière
De l'enfer triomphe en ce jour,
Encor une prière
Encor un chant d'amour.

I

O vous que nos aïeux nommèrent Notre-Dame
Le cœur vous appartient de tout ce peuple altier ;
Aujourd'hui, comme hier, ce peuple vous acclame
Et veut, sous vos regards, combattre et travailler.

II

Notre sol est pour vous tout fleuri de prières,
Ah ! daignez agréer l'amour de notre cœur,
Vierge de la Santé, des divines colères
Gardez tous vos enfants, Ange de leur bonheur !

III

Ah ! défendez toujours la France qui vous aime,
Montrez votre puissance à nos yeux éblouis ;
Car Dieu vous a donné, dans son dessin suprême,
Après celui des cieux, la France pour pays.

IV

Votre nom glorieux parle de bienfaisance,
Réalisez pour nous, son âme de bonté ;
Quand la douleur viendra tenter notre endurance
Aidez-nous dans l'effort de notre volonté.

L'Abbé P.
Vicaire à Ste-Croix, Lyon.

Nous venons encor !

Refrain

Nous venons encor,
Près de la Madone
Dont la main guérit, dont le cœur pardonne !
Au plus doux transport
L'âme s'abandonne !
Près de la Madone,
Nous venons encor !

I

Nous venons encor visiter la place
Où La Verdière à genoux pria,
Et dire cent fois, sans que rien nous lasse :
Salut, ô Marie : Ave Maria !

II

Nous venons encor dans cette humble église
Chanter le Credo des hommes de foi,
Et, quoi qu'il advienne, ou quoi que l'on dise
Promettre à Jésus d'observer sa loi.

III

Nous venons encor prier pour la France
Les efforts des bons restent triomphants,
Que brille en son ciel l'astre d'espérance
Et que la paix règne entre ses enfants.

IV

Nous venons encor pour le diocèse
A la Vierge offrir nos ardents souhaits :
Que le bien y croisse, et le mal s'apaise,
Et que Dieu sur tous verse ses bienfaits.

V

Nous venons encor, dire à notre Mère
Qu'elle est notre appui, qu'elle est notre espoir ;
Et quand de partir viendra l'heure amère,
Nous ajouterons : « Marie, au revoir ! »

Abbé JULIEN.

Reine de La Verdière

Refrain

Reine de la Verdiére
O Vierge de Santé,
Entends notre priére
O Mère de Bonté.

I

Patronne de l'enfance,
Donne-lui tes vertus ;
Garde son innocence,
O Mère de Jésus.

II

Et donne à la jeunesse
De grandir comme toi
En observant sans cesse
La pure et sainte loi.

III

Fais que dans les familles
Les parents soient chrétiens,
De leurs fils, de leurs filles,
Pour être les soutiens.

IV

Sur nos fils, sur nos fréres,
Veille dans le danger ;
Pour leurs sœurs, pour leurs mères
Daigne les protéger.

V

Et sur la mer profonde
Quand vont les matelots
Si la tempête gronde,
Calme, apaise les flots.

VI

Bénis dans la campagne
Nos sueurs, nos travaux ;
A tes enfants épargne
Des désastres nouveaux.

VII

Reine de la Verdière
Exauce tous nos vœux.
Accueille la prière
De tes enfants pieux.

VIII

Du fléau de la guerre
Dont le monde gémit
Sauve nous, Bonne Mère
Vois : La France en frémit.

IX

A la ville, au village
Dans les bourgs, les hameaux,
Oh ! quel affreux ravage,
Que de deuils, de tombeaux !

X

Partout, les enfants pleurent
Aux foyers désolés !
Mais leurs mères espèrent !
Que tous soient consolés !

Abbé Victor DEBERGUE
Curé-Doyen de Rians

L. D. † M. F,

Renseignements relatifs au Pélerinage

Le sanctuaire de Notre-Dame de Santé est accessible en toute saison, même en hiver, de quelque côté que l'on vienne.

La gare la plus rapprochée de la chapelle s'appelle Saint-Martin-de-Pallières, Cie du Sud, à 2 kilomètres du pélerinage, voie Draguignan-Barjols-Meyrargues.

Le grand pélerinage annuel à Notre-Dame de Santé auquel prennent toujours part les nombreuses paroisses voisines de La Verdière a lieu le premier lundi de septembre.

Les messes célébrées à la chapelle à l'intention des personnes qui les commandent sont annoncées, le dimanche précédent, dans l'église paroissiale de La Verdière à la sacristie de laquelle on peut se procurer la monographie de la chapelle cinq fois séculaire dédiée à la Vierge salut des infirmes.

INVOCATIONS

Pendant les messes du grand pèlerinage du mois de septembre

Seigneur, nous vous adorons !
Seigneur, nous espérons en vous !
Seigneur, nous vous aimons !
Cœur sacré de Jésus, j'ai confiance en vous !
Cœur sacré de Jésus, ayez pitiè de nous !
Cœur sacrè de Jésus, que votre règne arrive !

Adoremus in æternum sanctissimum Sacramentum (3 fois)

Seigneur, nous croyons, mais augmentez notre foi !
Vous êtes la résurrection et la vie !
Sauvez-nous, Jésus, nous périssons !
Jésus, fils de Marie, ayez pitiè de moi !
Jésus, fils de David, ayez pitiè de moi !

Parce Domine ! (3 fois).

O Dieu, venez à notre aide, hâtez vous de nous secourir !
Seigneur, guérissez nos malades !
Marie, Mère du Sauveur, priez pour nous !
Marie, Salut des infirmes, priez pour nous !
Notre-Dame de Santé, priez pour nous !

Monstra te esse matrem (3 fois).

TABLE DES MATIÈRES

www.ingramcontent.com/pod-product-compliance
Ingram Content Group UK Ltd.
Pitfield, Milton Keynes, MK11 3LW, UK
UKHW021739090726
13657UKWH00002B/804